왜 하지 말라는 거야?

청소년을 위한 세상읽기 프로젝트 Why Not? 1

왜 하지 말라는 거야?

'금지'와 '허용' 사이

마르크 캉탱 글
브뤼노 살라몬 그림
신성림 옮김

청소년을 위한 세상읽기 프로젝트 _ Why Not? ①

왜 하지 말라는 거야?

2009년 7월 30일 초판 1쇄
2014년 5월 26일 초판 3쇄

지은이 | 마르크 캉탱
그린이 | 브뤼노 살라몬
옮긴이 | 신성림

디자인 | 모리스
편　집 | 문해순, 박대우
제　작 | 영신사

펴낸이 | 장의덕
펴낸곳 | 도서출판 개마고원
등　록 | 1989년 9월 4일 제2-877호
주　소 | 경기도 고양시 일산동구 호수로 662 삼성라끄빌 1018호
전　화 | 031-907-1012, 1018
팩　스 | 031-907-1044
이메일 | webmaster@kaema.co.kr

ISBN 978-89-5769-236-3 43300
한국어판 ⓒ 개마고원, 2014. Printed in Goyang, Korea

차 례

왜 이렇게 하지 말라는 게 많은가?

진입금지, 19세 미만 관람불가, 자전거 통행금지, 수영금지, 잔디밭에 들어가지 마시오, 고성금지, 출입금지, 외출금지……

그럼 웃는 건? 숨 쉬는 건? 그건 해도 될까요?

정해진 시각에 잠자리에 들어야 하고, 더 보고 싶어도 TV를 꺼야 하고, 용돈 좀 올려달라고 했다가 거절당하고, 새로 나온 초특급 인기 CD를 듣는 대신에 영어시험 공부하고, 유리창이 약간 떨린다는 이유로 라디오 소리를 낮추고…… 정말이지, 우리가 원하는 걸 맘대로 할 수만 있다면 사는 게 얼마나 편할까요! 온갖 규칙과 금지표지판들, 질서를 말하는 이 모든 요구는 왜 있는 걸까요? 그런 게 존재해야 할 타당한 이유가 있는 걸까요, 아니면 그저 우리를 귀찮게 하려고 만든 걸까요? 만일 모든 게, 정말 모든 것이 허용된다면 우리의 삶은 어떤 모습일까요?

우리는 스스로에게 질문을 던질 권리가 있습니다. 우리가 조금 바쁘거나 스트레스를 받았을 때, 혹은 짜증이 나 있거나, 기분이 나쁘거나, 잠이 덜 깬 상태라면, 종종 그런 금지 조항들의 의미가 선뜻 이해되지 않기 때문이지요. 하지만 그럴 때도 곰곰 생각해봐야 합니다. 금지조항은 빙산과도 같아서 겉으로 드러난 부분과 물에 잠겨 있는 부분이 있거든요. 내가 여기서 여러분에게 살펴보라고 제안하는 게 바로 이 물 속에 잠겨 있는 부분이에요.

1 여기선 금지된 게
다른 곳에선 허용된다

나라에 따라 금지조항도 다르다

미국에서는 열여섯 살이면 자동차를 운전할 수 있습니다. 조수석에 어른을 태우고 운전하는 게 아니라 혼자서도 운전을 하지요. 정말로 혼자서만! 참 좋겠죠?

"저기, 엄마! 자동차 좀 써도 돼? 친구들하고 영화관에 갈 건데."

옛다, 여기 열쇠! 그러면 엄마의 차를 몰고 친구들 집으로 가서는 애들을 태우고 영화관이 있는 시내로 방향을 돌리는 거지요. 상상해 봐요, 열여섯 살이면 그리 오래 기다릴 필요도 없어요. 그러니까 미국에 가서 살고 싶다고요? 참, 그런데 얼마 전 미국 어느 주에서는 열두 살 된 어린애가 종신금고형을 선고받았대요. 게다가 가석방될 여지도 남겨두지 않았대나요. 미국 법률은 이렇게 청소년에게도 성인과 똑같이 형을 선고해요. 차등을 두지 않습니다.

아, 그래요? 열여섯 살에 혼자 운전하는 건 포기하겠다고요?

좋아요, 이제 그 얘기는 그만하지요.

자, 그럼 여기 프랑스 이야길 해볼까요. 프랑스에서는 그 나이에 자동차를 몰지는 못하지만, 대신에 나이키나 리바이스 청바지를 걸치고 학교에 갈 수 있지요. 상표 덕분에 앞으로

누구랑 어울리게 될지도 대번에 알아볼 수 있고요. 서로 잘 통하는 친구들과 어울려 다니고 싶다면, 물론 빈털터리가 아닌 게 더 좋겠지요. 머리에서 발끝까지 차려입으려면 돈이 들 테니까.(물론 부모님의 돈이에요.)

반대로 영국이나 일본에서는 다들 똑같은 옷을 입습니다! 매일 아침 옷을 고르는 일이 아주 수월하지요. 자기 맘대로 옷을 골라 입는 게 아니라 모든 학생이 비슷비슷한 교복을 입거든요. 물론 좀 특별해 보이려고 소매를 걷어 올리거나 양말을 내려 신는 정도는 가능해요. 하지만 유행이 제한될 수밖에 없겠죠. 자신의 사회적 계급(다시 말해서, 여러분이 부모님을 설득하는 능력에 따라 때로 '고급 상표'도 걸치게 해줄 수 있는 부모의 수입)은 집에 두고 등교하는 거예요. 일단 학교 문에 들어서면 모든 학생이 평등하지요.

그러니 교복은 흔히 생각하는 것처럼 청소년들을 군인처럼 만들기 위해 생겨난 게 아닙니다!

프랑스에서는 1999년까지 군 복무가 의무였지만, 그 이후에는 없어졌어요. 만일 여러분이 어느 날 군복을 입게 된다면 그건 여러분이 선택했기 때문이겠지요. 물론 군 입대를 선택하려면 여러분은 성인이 되어야 합니다. 하지만 예를 들어

용기를 내... 1499일밖에 안 남았어...

콜롬비아나 콩고, 시에라리온, 요르단 같은 나라에서는 아직 만 18세가 되지 않은 청소년을 군인으로 모집해도 불법이 아니고, 그들을 전투에 내보낼 수도 있어요.

이제까지 살펴본 것처럼, 규칙이란 이렇게 국경을 건너가면 달라지기도 하지요.

프랑스에서는 만 6세에서 16세까지 의무적으로 학교에서 교육을 받아야 합니다.(여러분도 분명 그 사실을 알고 있을 거예요.) 우리는 교육받을 '권리'라고 하지 않고 '의무'라고 말하지요. 최소한 10년 동안, 모두 합해 대략 1500일 동안 학교에 다닐 의무가 있어요.(미안해요. 나도 이런 짜증나는 얘긴 하고 싶지 않았어요……. 분명 여러분은 아직 학교를 다녀야 할 날이 더 많이 남아 있을 테니 말예요!) 여러분이 부유하든 가난하든, 흑인이든 백인이든 황인이든, 혹은 심지어 파란색 피부를 타고났다 해도 예외가 될 수 없어요. 그러니 아침마다 학교에 가기 싫다고 외쳐봐야 아무 소용없어요!

반대로 어떤 나라에서는 학교교육이 의무가 아닙니다.(거기가 어디냐고요? 아니, 안 돼요, 그곳 주소는 알려줄 수 없어요!) 그런 곳에도 학교가 있긴 하지만, 부모가 자기 자녀를 학교에 보내지 않는다고 뭐라고 간섭하는 사람은 없어요. 이런 말을 들으면 여러분은 아마 그곳 아이들이 책가방도 메지 않고 열대지방의 밀림 속을 돌아다닐 거라고 상상하겠지요. 계산하는 법보다는 사냥하는 법을 배우는 게 더 중요한 곳일 거라고 말예요. 그럴 수도 있어요. 이 세상엔 그런 곳도 있으니까. 하지만 안타깝게도 대부분의 경우 학교를 가지 않는 아이들은 공부 대신 일을 해야 해요. 그러니 여러분이 상상한 밀림은 사실 직물 공장이나 카카오 밭과 아주 비슷할 거예요!

알아요, 압니다. 웃어넘길 일이 아니지요.

그렇지만 신중해야 합니다. 각 나라마다 나름의 역사와 문젯거리가 있고, 성공의 조건도 다르며, 서로 다른 상황에 처해 있게 마련이지요. 그러니 어떤 나라에서 통용되는 금지조항들에 대해 그 의미를 이해하려는 노력도 없이 판단하는 건 너무 경솔할 수 있어요. 예를 들어, 프랑스에서는 새로 태어난 곰들을 보호하기 위해 곰을 공격하는 사냥꾼을 처벌합니다. 훌륭하죠! 그렇다고 해서 프랑스 사람들이 모두 철두철미한 환경운동가일까요? 당연히 그렇겠죠……. 어찌나 철저하

게 환경을 보호하는지, 곰들이 살고 있는 숲을 관통해가며 길을 내버리곤 하니까요. 웃기죠!

한편 캐나다에서는 흑곰 사냥이 법으로 허락되어 있습니다. 사냥꾼들은 미끼를 놓고 '곰이 모르는 은신처'에 숨어 있다가 먹이에 이끌려 찾아온 동물을 잔인하게 잡지요. 그렇다면 캐나다 사람들은 다들 자연의 아름다움도 느낄 줄 모르는 냉혹한 야만인일까요? 분명 그렇게 보일 거예요. 그런데 그들은 아주 방대한 지역을 자연 상태 그대로 보존하고 있지요. 거기서는 숲을 개발하거나 야생동물을 혼란스럽게 하는 도로를 건설하지 않습니다.

이제 여러분도 세상을 단순하게 착한 편과 나쁜 편으로 나눌 수 없다는 걸 알게 되었을 겁니다. 여러분이 자연을 너무나 사랑해서 곰들과 숲 둘 다 보호해야 한다고 확고하게 생각하지 않는 한 말이죠. 나도 여러분의 의견에 공감해요. 하지만 현실은 또한 이렇거든요. 제각기 처한 상황이 다르기 때문에 모든 인간에게 공통된 하나의 규칙을 확립하는 일은 어려울 뿐 아니라 불가능합니다. 어떤 사람에게 만족스러운 것이 다른 사람에게도 반

드시 만족을 주는 것은 아니잖아요.

아직도 미심쩍은가요?

그럼 일본의 예로 돌아가 보죠. 일본에서는 수업을 시작할 때와 마칠 때 학생들이 일어서서 교사에게 '허리 굽혀' 인사하는 것으로 존경심을 표현합니다. 또 점심식사 후에는 각 학급마다 자기들이 사용하는 교실을 청소하지요. 이런 사실에 대해 여러분의 선생님과 이야기를 나눠 보세요. 아마 많은 선생님들이 일본의 방식이 아주 괜찮다고, 어쩌면 아주 매력적이라고까지 생각할 거예요. 하지만 여러분은 그 문제에 대해 어떻게 생각하나요?

모든 인간의 권리

1948년 12월 10일에 발표된 세계인권선언문은 '모든 인간과 모든 국가가 추구하는 공통의 이상'을 내세우고 있지요. 그 속에는 지구에서 살아가는 인류 전체가 인종과 성별, 종교, 언어와 관계없이 서로 존중하고 굳게 연대하기를 바라는 꿈이 담겨 있어요.

이것은 아주 인본주의적인 생각이에요. 지구 어느 곳에서든 모든 사람은 법 앞에서 평등하고, 누구나 모스크바·바그다드·뉴욕·시드니·아비장·뉴델리·보고타 등 어디로든 갈 수 있으며, 자신이 살아갈 장소를 선택할 자유가 있어요. 그러나 국제연합(UN)이 인권에 대해, 인간에 대한 깊은 성찰을 바탕으로 확립한 규칙들에 대해 이야기하는 것과 달리, 이슬

람권 국가들은 이런 주장을 그대로 인정하지는 않아요. 이슬람교를 믿는 사람들이 볼 때, 규칙은 인간에 의해서가 아니라 오직 신의 의지에 의해서만 확립될 수 있어요. '신의 권리'가 인간의 권리보다 앞선다고 보기 때문이지요. 아랍어로 이슬람이란 말은 '평화·순종·복종'을 의미해요. 이슬람교는 신의 계시에 따른 가르침과 규칙들을 전적으로 받아들이는 것

을 전제로 하는 종교예요. 그래서 이슬람 국가에서는 종교와 법을 완전히 분리시킬 수 없는 경우가 아주 많습니다.

바로 이런 점이 우리가 쉽게 이해하기 힘든 부분이지요. 왜 냐하면 프랑스에서는 종교와 정부가 분리되어 제각기 다른 역할을 수행하고 있잖아요. 우리로선 현대 사회에서 신부가 판사의 일을 대신하고, 성경이 법전을 대신하는 일을 상상하 기가 어렵지요. 하지만 그렇다고 해서 모든 나라가 우리와 똑

28

같지는 않다는 사실을 무시해도 되는 건 아닙니다.

세계인권선언문 제21조에는 이런 말이 있습니다. "국민의 의지는 공권력이 권위를 행사하는 밑바탕이 된다. 이러한 국민의 의지는 공정한 선거를 통해 표현되어야 한다." 한편 세계 이슬람인권선언문(이슬람 의회, 1981)의 첫머리에서는 이런 글을 볼 수 있지요. "오직 신만이 법의 창조자이시며 모든 인권의 근원이시다."

따라서 국제연합은 인간에게 자신의 권리에 대한 책임을 부여하지만, 이슬람교는 인간에게 책임을 부여하기를 거부합니다. 권리를 결정하는 것은 인간이 아니라 오직 신이니까요. 이것은 매우 큰 의견차이라 할 수 있어요. 종종 오해가 생기곤 하는 것도 그래서죠. 그러나 그 어떤 경우에도 금지조항은 우연히 생겨난 게 아닙니다. 금지조항은 사람들의 역사 속에, 각자의 문화와 종교, 교육 속에 뿌리를 두고 있거든요. 그러니 금지를 통해 공통의 가치를 옹호하고 서로 조화를 이루도록 애쓰는 한편, 각자의 특수성이 인정되게끔 차이를 존중해야 한다는 사실도 잊지 말아야 합니다.

옆집이 더 근사해!

규칙은 나라에 따라 다양할 뿐 아니라 각 가정마다도 서로 다릅니다. 그러다 보니 아이들이 누리는 자유도 평등하지 않지요. 부당하게도, 정말 그래요! 여러분 가운데 누구는 밤 10시면 잠자리에 들어야 하는데, 어떤 친구는 밤 12시까지 깨어 있어도 되지요. 여러분은 운 좋게도 용돈을 일주일에 1만 원씩 받는데, 같은 반 친구들 중에는 3천 원밖에 못 받거나 아예 용돈이 없는 친구도 있어요. 어쩌면 여러분은 친구를 집으로 데려와 냉장고에서 먹을 걸 잔뜩 꺼내 먹으며 최신 인기가요를 들을 수도 있을 거예요. 여러분의 부모가 냉장고를 맘대로 뒤지지 못하게 하면서, 그럴 거면 직접 동네 슈퍼에서 매주 시장을 봐오라고 하지만 않는다면 말이지요.

여러분 입장에서 볼 때 어떤 부모는 다른 부모들보다 더 근사해 보이기도 할 겁니다. 그건 당연해요. 일반적으로 부모가 "안 돼!"라는 말을 많이 하면 할수록 그들의 인기도는 0점에

가까운 쪽으로 내려가겠지요. 반대로 "좋아!"라는 말을 많이 하는 부모는 그만큼 더 찬양받겠지요. 하지만 "안 돼!"라는 이 흔한 말을 관심의 표시로 여길 수도 있지 않나요?

"그래, 컴퓨터 하면서 웹서핑을 해도 좋아"는 '날 좀 가만

내버려둬!'라는 뜻일 수도 있거든요.

"안 돼, 친구들 만나러 나가기 전에 먼저 숙제부터 해야지"
라는 말은 '네가 공부를 소홀히 할 때, 너의 학업에 대해 신
경 쓰는 게 부모로서 내가 할 일이란다'라는 의미일 수 있어
요.

제약이 생겨난 데에는 나름의 근거가 있는 것이라면, 거기
엔 어떤 의도가 있다는 사실도 기억할 필요가 있어요. 부모
들은 여러 가지 규칙을 통해 가치관을 전달하고자 하며, 그
들 자신의 역사(그래요, 그들도 한때는 아이였어요)와 성격, 신
념, 교육적 의무감에 따라 다른 반응을 보이지요. 그러니 그
어떤 경우에도 부모가 여러분에게 더 많은 권리를 준다고 해
서 그것이 여러분을 더 많이 사랑해서라거나 혹은 그 반대라
고 믿어서는 안 돼요. 그건 서로 아무런 상관도 없는 겁니다.

각 가정은 하나의 작은 국가와도 같아요. 모든 가정에 공통
되게 적용되는 포괄적인 법률과 각 가정마다 고유하게 갖고
있는 법률들이 그 '국가'를 관리하고 있지요.

더 나쁜 점! 같은 가족 중에도 남자형제와 여자형제는 똑
같은 나이가 되어도 동일한 권리를 누리지 못하는 경우가 있
어요! 일반적으로, 만일 여러분이 남자라면 밤에 더 늦은 시

각까지 외출을 할 수 있을 가능성이 더 클 겁니다. 하루 종일 뭘 했는지 설명하라는 채근은 (대체로) 적게 받을 거고요. 그런데 그건 사내아이들이 또래의 여자아이들보다 더 사리분별을 잘하거나 더 성숙하기 때문이 아니에요! 결코 그건 아니지요! 오직 문화적인 차이 때문에, 일반적인 통념과 염려가 뒤섞인 탓에 생긴 일입니다. 각자 이 문제에 대해 원하는 대로 생각할 자유가 있지만, 어쨌든 그게 현실이에요.(이런 현실이 조금씩 완화되고 있으니, 소녀들도 부디 용기를 내세요!)

간단히 말해서, 금지라는 말은 아주 일반적인 의미로 사용될 수도 있지만, 동시에 가장 넓은 범위에서 가장 좁은 범위까지, 국제적인 것에서 개인적인 것에 이르기까지 아주 특수한 성격을 띨 수도 있음을 여러분은 이해했을 겁니다.

그게 그런 거란 말이지요.

대한민국에선 어떨까?

한국에선 몇 살부터 운전면허를 딸 수 있나?

'2종 원동기장치 자전거', 즉 오토바이 면허는 만 16세 이상(보통 고등학교 1학년생)부터, 자동차 운전면허는 만 18세 이상부터 가능하다. 그리고 대형 트럭을 몰고 싶다면, 먼저 자동차 면허를 딴 뒤에 1년을 더 기다려 만 19세가 되어야 딸 수 있다.

그렇다면 군 복무는?

한국은 군 복무가 의무인 나라다. 그래서 만 19세 이상인 남자에게는 입영통지서가 나오고, 징병검사를 통해 현역, 보충역(공익근무요원), 제2국민역(입영 면제) 등의 판정을 받게 된다. 단, 고등학교 이상의 학교에 재학중인 학생의 경우 학업이 중단되지 않도록 졸업 때까지 입영을 연기할 수 있다.

청소년이 범죄를 저지르면?

한국에선 각 법률이 만들어진 목적과 취지에 따라, 성인과 청소년을 구분하는 나이가 조금씩 다르게 규정되어 있다. 예컨대 청소년보호법상의 청소년은 만 19세 미만(유흥업소 출입 금지), 영화진흥법상의 청소년은 만 18세 미만(성인 등급 영화 관람 불가)으로 되어 있다. 한편 형법상으로는, 만 14세 미만인 자는 중범죄를 저지르더라도 형사처벌은 받지 않는다.(단, 그가 만 10세 이상인 경우 소년원에 보내지는 등의 처벌은 받을 수 있다.) 그러나 손해배상과 같은 민사상 책임마저 면제되는 게 아니라 법정대리인(즉, 부모님 등)이 이를 대신 지게 된다. 결국 만 14세 이상의 청소년이 범죄를 저지르면 소년법에 따라 약간의 배려는 있지만 기본적으로는 성인처럼 구속되고 감옥에 가는 등의 처벌도 가능하게 된다는 말이다.

2 금지조항이 없으면 참고할 기준도 없어진다

모든 것이 허용된다면

아! 만일 부모나 교사들, 모든 어른들이 단 하루만이라도 여러분을 평화롭게 내버려둔다면……. 시간표도 없고, 할 일도 없고, 수업도 없다면 어떨까요? 오직 여러분이 하고 싶은 대로만 따를 뿐이라면요!

모든 것이 허용되는 완벽한 세상을 상상해봐요. 한번 상상해봐요……

자, 월요일 아침입니다. 여러분은 눈을 뜨지요. 이불 속에서 늘어지게 하품을 하지만 피곤하지는 않아요. 충분히 휴식을 취했다는 느낌이 듭니다.

기지개를 켭니다. 몇 시쯤일까? 11시.(물론 어젯밤 여러분은 새벽 1시까지 텔레비전을 봤어요.) 이제 느긋하게 옷을 갈아입고 평온하게 점심식사를 한 후 간단히 샤워를 하고, 12시가 되기 조금 전에 학교에 도착합니다. 운동장에서 교장 선생님과 마주쳐서 다정하게 악수를 나누지요.

그가 여러분을 칭찬해요.

"와! 학교에 오다니 기분 좋구먼. 잘 잤나?"

"응, 아주 잘 잤어."

여러분은 그를 만난 김에 잠을 깨기 위해 운동을 좀 해야
겠다고 이야기해요.

그가 여러분에게 말해줍니다.

"그럼 축구장 쪽으로 가봐. 학생들 몇이서 공 차고 있는 걸 봤어."

교장 선생님은 참 마음에 들어요. 그의 이름은 '앙드레'지만, 여러분은 그를 '데데'라고 부르는 게 더 좋아요. 훨씬 근사하게 들리잖아요.

"고마워, 데데. 즐거운 하루 보내."

"그래, 잘 가."

축구장 쪽으로 갑니다. 거기 있던 학생들이 기꺼이 여러분을 자기들 무리에 끼워주지요. 시합은 기분 좋고 편안한 분위기 속에서 진행돼요. 이기기 위해서가 아니라 즐기기 위한 시합이니까요. 운동을 하면 식욕이 당기지요. 오후 2시 종이 울리자 배가 고파 죽을 지경이네요. 친구 둘과 함께 학생식당으로 갑니다.(식당은 하루 종일 문을 열어요.) 여러분은 자판기에서 원하는 음식의 버튼을 눌러요. 큰 햄버거와 감자튀김이 나오자 여러분은 그걸 옆에 있는 전자레인지에 넣어 데워요. 생크림과 딸기 시럽을 얹은 바닐라초콜릿 아이스크림도 선택했어요. 당연히 콜라도 같이 마셔야죠.

오후 3시쯤 여러분은 과학실로 가지요. 두세 명의 학생들이 교사와 함께 화산에 관한 비디오를 보고 있네요. 여러분은 화산에 그다지 관심이 없어요. 특수효과는 그럭저럭 봐줄 만하지만, 온갖 지루한 설명들이 분위기를 늘어지게 하거든요. 우연히도 여러분의 가방에 〈맨 인 블랙 2〉 비디오테이프가 들어 있네요. 여러분은 교사의 화산 테이프를 꺼내고 대신 영화 테이프를 집어넣습니다. 갑자기 과학실 앞을 지나가던 학생들이 다들 발길을 멈추네요. 과학수업이 끝날 때쯤엔 30명에서 40명 정도 되는 학생들이 책상 위에 앉아 있어요.

다들 입을 모아 영화가 짱 재밌었다고 말해요.

허걱! 벌써 오후 5시! 세상에! 학교에서는 어쩜 이리도 시간이 빨리 가는지……! 학교 건물을 나오자 늘 그렇듯이 교사들이 원하는 학생들에게 숙제를 나눠주고 있군요. 그런데 아무리 봐도 교사들이 숙제를 적은 프린트물을 빨리 다 나눠줄 수 있을 것 같진 않네요. 여러분은 좀 바쁜 나머지 잠시도 지체하지 않고 예의바르게 숙제를 거절합니다. 오락실에서 친구들을 만나기로 했거든요. 숙제는 다음에 한번 하든지 하죠, 뭐.

그래요, 다들 그런 날을 꿈꾸었지요. 자기가 원하는 일만 하고, 세상이 온통 우리의 욕구를 중심으로 돌아가는 그런 날을. 하지만 만일 우리 모두가 그런 생활을 끝없이 반복한다면 우린 어떤 사람이 될까요? 우리가 살아가는 세상은 또 어떤 모습을 하고 있을까요?

햄버거와 감자튀김, 청량음료와 아

이스크림 같은 걸 계속 먹은 탓에 우린 마흔 살쯤에 심장과 혈관 질환으로 죽을 게 분명해요. 아마 글도 더듬더듬 읽고 (인터넷 약어나 비디오게임 설명서나 읽을 줄 아는 수준) 숫자도 겨우 셀 수 있는 정도(매주 먹어치운 피자의 수를 계산할 수 있는 수준)겠지요. 그래도 비디오 기기와 전자레인지, 컴퓨터는

네 뒤를 봐!

완벽하게 작동시킬 수 있을 거예요. 단지 그런 기기를 만들거나 차를 고치거나 다리와 집을 건설하는 일은 할 수 없겠죠! 바로 그게 문제예요.

배운다는 건 그 내용이 역학이든 수학이나 미술, 국어, 혹은 처세술이든 간에, 일정한 규칙들을 적절하게 적용한다는 뜻이지요. 좋아하는 헤비메탈 음악을 들으면서 국어 숙제를 하는 건 그다지 효과적이지 못해요. 매일 한밤중에나 잠자리에 들면서 다음날 학교에서 시체보다 더 나은 이해력을 발휘할 수 있을지는 의심스럽네요. 아무거나 먹으면서 좋은 건강 상태를 유지하는 건 있을 수 없는 일이고요.

피아노나 운전, 스키, 원예, 낚시질 같은 걸 배운다는 건 모두 어떤 제약을 받아들이는 데서 출발하지요.

배우는 게 지긋지긋하다고?

뭔가 배우기 위해서는 규칙이 필요하며, 따라서 금지조항들도 있어야 합니다. 이제 진실을 대면할 시간이군요! 우린 편하게 살려고 태어난 게 아니며, 즐겹게 지내기 위해 태어난 건 더더욱 아닙니다! 장난은 끝내요. 좋은 시절은 다 갔어요. 화려한 학창시절과 으리으리한 컴퓨터실도 끝이에요. 난방시설 없이 낡고 녹슨 석탄난로가 놓인 교실, 운동장 한구석에 석탄더미가 쌓여 있는 학교 만

세! 체벌 만세! 듣는 걸로만 만족하고 결코 질문하지 않으며 묵묵히 성실하게 공부하는 학생들 만세! 여학생과 남학생은 멀찍이 떨어져 지내면서 결코 소란을 피우지 말 것이며……

크크! 그런 뚱한 표정 짓지 말아요!

걱정 말아요, 농담이에요!

회색 옷을 입고 수업시간 내내 녹음기처럼 같은 말을 읊어대는 교사가 잘 가르칠 수 있는 건 아니지요. 전혀 아니죠. 분명 우리는 즐겁게 배울 수 있어요. 공부를 강제로 하느라 그런 즐거움까지 없애버려서는 안 됩니다. 우리가 더 많은 노력을 기울이게 되는 것도 즐거움이 있을 때니까요. 이제는 그런 사실을 다들 잘 알고 있어요.

트럼펫을 처음 배우려는 학생에게 2년 동안 악기 한 번 만져보지 못한 채 계명 공부만 하게 만드는 건(그 학생이 음악이라면 진저리 치기를 바라는 게 아니라면) 그리 권할 만한 교수법이 아니지요. 악기 연주 연습(트럼펫 불기)과 이론 학습(그 끔찍한 점16분음표들에 대한 공부)은 병행할 수 있으며, 그럴 때 즐거움(음정을 틀려가며 연주하기)은 따분한 훈련(매일 반복해야 하는 일)을 계속하는 데 꼭 필요한 동기부여가 되어줍니다. 마찬가지로, 학생이 맞춤법에 맞지 않게 쓴다고 글쓰기를 금지할 수는 없어요.(다행이에요, 안 그랬으면 난 작가가 되지 못했을 테니까요!) 시장 볼 물건을 적은 목록, 살아가면서 겪는 중요한 순간들을 회상하게 해주는 일기, 멋진 시간을 위한 아름다운 시, 혹은 아름다운 이사벨에게 사랑을 고백하기 위한 낭만적인 편지! 바로 이런 것들을 통해 글쓰기의 유용함을 발견할 때 더 정확하게 쓰고 잘못을 고치고 싶은 욕구가 생기지요.

뭔가 배우는 일과 관련해서 금지조항들의 첫째 목표는 체계를 제시하는 데 있어요. 여러분이 현관 바로 앞에 포르셰 세 대가 주차되어 있는 성에 살면서 필요한 만큼 하인을 부리는 형편이 아닌 한, 분명 가정교사를 둘 순 없을 거예요. 그 말은 여러분이 학교에 가야 한다는 뜻이에요. 학교는 단체생활을 하는 곳입니다. 따라서 다른 사람들이 피타고라스의 정리와 씨름하는 동안 책상 위에서 춤을 추는 건 금지되어 있어요. 늦게 등교해서는 앉은 지 5분도 채 되기 전에 손을 들고 천연덕스레 "선생님, 무슨 말인지 모르겠어요"라고 말하며 수업을 방해하는 것도 금지예요.

그럼 아마 이런 말을 듣게 되겠죠. 당연하지, 바보야, 넌 수업을 처음부터 듣지 않았잖아!

체계적이 된다는 건 방정식에 도전하기 전에 구구단을 외
우고, 긴 논문을 쓰기 전에 기본 글짓기를 익힌다는 의미지
요. 논리적이고 설명 가능하며 항상 설명될 수 있어야 하는
규칙들의 집합이 있어요. 설령 가끔은 **모든 걸** 설명해줄 시간

제가 최근에 쓴
소설을 읽어 드릴게요.

감자 3kg, 양배추, 소금, 쿠킹호일, 면봉, 청소기 필터, 우
즉석 만두, 지롤 버섯, 광천수, 잼, 걸레, 25와트 전

이 없는 교사를 그냥 따라야 할 때가 있더라도 그래요!

학교는 배움의 장소이며, 배우는 행위에는 제약이 포함돼요. 어떤 때는 이런 제약들이 부당하거나 정당화될 수 없어 보일 수도 있습니다. 그래서 여러분은 격렬하게 비난하거나,

성공의 비밀?

소매를 잘 활용하고
체계화하는 능력을 갖춰야 해!
난 수학시험 때마다 미리 준비한다고…
다 방수 피부 덕분이지. ㅋㅋㅋ

진저리를 치거나, 울적해 하지요. 하지만 너무 불안해 하지
말아요. 그건 정상이며 존중할 만해요…… 너무 남용하지만
않는다면 말예요.

50

법, 강자를 위한 것

금지조항들은 필수적이고 없어서는 안 될 것이니 반드시 준수해야 한다, 어쩌고저쩌고…… 또 어쩌고저쩌고.

한마디로 말해서, 여러분이 항상 그 금지의 필요성을 납득할 수는 없을 겁니다. 그 모든 것이 오직 말일 뿐이고, 그저 말에 불과하니까요. 그런 말들은 아주 번드르르해 보이지만, 현실 속에서는 살아가면서 다른 사람들에게 밟히지 않도록 각자 알아서 대처해야 해요. 제일 좋은 방법은 결정하는 자가 되는 거예요. 그러면 자기가 옳다고 확신할 수 있을 테니까요. 규칙이 있는 것도 좋겠지요, 그걸 만들어내는 게 여러분이라면!

그래요. 잘 알겠어요. 그럼 거기 꼼짝 말고 있어요, 금방 돌아올게요. 내가 그걸 어디 두었더라? 거기서 기다려요, 네? 곧 가요! 아! 찾았어요…… 내 작은 날개랑 끝이 뾰족한 모자, 재밌게 생긴 요술지팡이…… 봐요, 여기 왔잖아요. 짠! 내

마법사 복장, 멋지지 않아요?(먹고살려면 뭔들 못하겠어요! 에휴, 그냥 넘어가죠.)

자, 난 요정입니다. 비교적 호감 가고, 비교적 예쁜 요정.(수염 땜에 좀 놀랐나 본데 면도할 시간이 없었다고요. 미안해요.) 이제 주문을 욀게요. "내게 주어진 힘들에게 명하노니, 수리수리 마수리, 힘이 내게 주어지고 그대의 소원이 이루어지기를!"

얍! 자, 슝슝 연기가 걷히면…… 무슨 일이 생겼나 한번 봐요. 여러분은 키가 210센티미터에 몸무게가 90킬로그램이나 나가요. 걱정 말아요, 다 근육이에요! 방망이 같은 이두박근, 배 위에 생기는 판초콜릿 모양, 완벽해요. 여러분은 헐크를 닮았지만 피부는 초록색이 아니고 옷도 갈가리 찢어지지 않았어요.(그래요, 오늘은 운이 좋은 날이네요.) 봐요, 여러분은 학교에 와 있고, 친구들의 겁에 질린 시선을 받으며 운동선수 같은 몸집으로 운동장을 걸어 다녀요.

정오가 되자 여러분은 배가 고파요. 여러분처럼 몸집이 큰 사람들은 잘 먹어야 해요. 마침 딱 맞춰서 (정말로) 학교식당이 방금 문을 열었어요. 근데 이를 어째, 153명의 학생들이 여러분보다 더 빨리 움직여서 식당 판매대 앞에 마치 진공 포장

된 땅콩들처럼 **빽빽**하게 들어차 있네요. 크르르르. 여러분은 울화가 치밀어요. 줄서는 일, 그거 별로 좋아하지 않거든요. 게다가 이미 말했듯이 여러분은 **배고파요.** 배가 고프면 여러분은 쉽게 화를 내게 돼요. 그래서 여러분은 학생들이 서 있는 줄을 밀치고 앞으로 나섭니다. 다른 학생들이 알아서 길을 내주기도 하고, 여러분이 억지로 그들을 비켜서게 만들기도 하고. 물론 누구 하나 감히 끽소리도 내지 못합니다. 불쾌하다는 듯한 반응 따위는 전혀 없지요. 여러분이 주먹을 들어 보이기만 하면 다들 여러분에게 자리를 내주거든요. 비굴한 미소까지 지어가면서.

자, 이제 식판을 손에 든 여러분은 자리에 앉아서 푸짐한 식사를 꿀꺽 삼킬 준비를 합니다.

"뭐야? 잘게 썬 당근반찬이잖아?"

여러분은 깜짝 놀라요.

당근을 아주 싫어하거든요.(그럼 안 돼요, 당근은 몸에 좋은 음식인데! 네? 누가 그런 소릴 지껄이냐고요? 어, 아니, 난 아네요……. 난 그저 친절하고 작은 요정인데……. 요정을 때리지 말아요.)

좋아요, 여러분은 식탁 옆자리에 앉은 친구에게 다가가 잘

게 썬 당근요리와 그 친구의 초콜릿 푸딩을 바꾸자고 상냥하게 제안하네요.(디저트를 두 개 먹는 건 여러분에게 전혀 어려울게 없는 일이지요.) 그 친구가 여러분의 제안을 그리 반기지 않는 기색을 보이자, 여러분은 그 친구의 포크를 집어서 두 손가락으로 구부린 후 다시 돌려줘요. 그러자마자 그 친구는 여러분의 제안을 엄청 열광하며 받아들입니다. 그는 여러분에게 자기 푸딩을 내주곤 새로 얻은 당근반찬을 꾸역꾸역 집어삼켜요.

자리로 돌아온 여러분은 식사를 37초 만에 뚝딱 해치웁니다. 아! 이제 살 것 같군. 여러분의 배도 만족한 듯 꾸르륵 소리를 내요. 이제 즐거운 시간이 이어질 거예요. 물론 여러분은 식당을 나가기 전에 식판을 정리할 필요가 없어요. 근처에 있는 아무 학생이나 불러 세운 후 건성으로 짝 하고 손뼉을 치면, 그 친구가 서둘러 달려와 여러분 대신 치워주거든요.

하! 하! 참 멋진 인생이죠.

여러분은 이제 행복한 기분으로 으스대며 운동장으로 나옵니다.

아차…… 수학숙제가 있었는데. 뭐 그건 아주 쉽지요. 반에서 제일 공부 잘하는 학생을 찾으면 되거든요. 여러분은 그 친구에게 숙제를 좀 보여달라고 다정하게 이야기하지요. 엥? 그가 공책을 잃어버렸다고 말해요? 이런, 이런, 그가 나쁜 맘을 먹은 게 분명하네요. 걱정 없어요. 여러분은 그 친구 머리를 그의 가방으로 밀어 넣습니다. 이런 신기할 데가! 그가 자기 숙제장을 막 다시 찾았다네요!

나는 너희들의 전능한 군주로다.
내 물리 숙제가 준비되었느뇨?

하! 하! 얼마나 훌륭한 인생인가요. 여러분은 학교 짱이에요. 다들 여러분에게는 아무것도 거절하지 못해요. 여러분은 선사시대의 인간 오스트랄로피테쿠스를 완벽하게 되살린 놀라운 표본이에요. 여러분은 아주 두툼한 곤봉을 휘두르며 명령을 내리지요. 여러분이 가장 강하기 때문에 모든 것을 결정해버려요. 법을 만드는 게 바로 여러분이니까. 당연히 여러분에게 유리하게 말예요. 여러분이 원시인이긴 해도 바보는 아니거든요.

이런…… 여러분에겐 안됐지만, 운동장 구석에서 불평이 시작되는군요. 아니, 너무 겁먹지 말아요. 여러분은 여전히 가장 크고 가장 강해요. 단지 그들이 수적으로 더 많을 뿐이죠! 여러분이 폭력을 휘두르는 데 진저리가 난 학생들 십여 명이 똘똘 뭉쳤어요. 반항하는 몽둥이 10개. 내가 여러분이라면 부리나케 도망칠 겁니다. 전략적 후퇴가 필요해요.

참, 내가 깜빡했네요. 여러분의 원시적인 두뇌로는 그런 종류의 추론을 할 수 없겠죠? 그럼, 행운을 빌어요!

여러분에게(그리고 내게도) 다행스럽게, 난 요정이 아니고 여러분은 그런 야만스런 원숭이와 닮지 않았어요. 다행입니다. 여러분의 키가 210센티미터고 몸무게가 90킬로그램이나 될 수는 있겠지만, 솔직히 여러분도 폭력을 즐기진 않아요. 자, 그러니 이제 문명세계에 온 걸 환영합니다. 다른 사람들과 더불어 살아간다는 건 다른 무엇보다 함께 나누고, 체계를 만들고, 분쟁을 해결하기 위해 폭력을 사용하지 않는다는 의미예요.

난 원해! 난 원해!

이제 더 이상 요정도, 마법도 없어요. 소설에서 벗어나 현실로 돌아오자고요.

"난 원해! 난 원해!"

바로 이런 식으로 우리의 삶이 시작되었어요.

"난 원해! 난 원해!"

바로 이런 식으로 아기들과 어린아이들이 몸짓이나 말로 자기 마음을 표현하지요.

"난 원해! 난 원해!"

그래도 원하는 것을 얻지 못하면 그들은 소리를 지르고, 두

드리고, 울고, 찢고, 깨부수기 시작하지요.(만일 여러분에게 어린 남동생이나 여동생이 있다면 내가 무슨 이야길 하는지 잘 이해할 거예요.)

아기: 아아아 이우우우… 아아아 이우우우.

아빠 (부드럽게): 원하는 게 있니? 우리 아기가 원하는 게 뭘까?

아기: 이이이옹… 이이이옹.

아빠 (재밌어 하며): 우윳병? 하지만 넌 방금 우유를 먹었잖니, 네 우윳병으로!

아기 (전혀 재밌어 하지 않으며): 이이이옹! 이이이옹!

아빠 (단호하게): 아니 안 돼! 또 우유를 줄 순 없어!

아기 (아주 단호하게): **이이이옹! 이이이옹!**

아빠 (완고하게): 내가 한번 안 된다고 하면 안 되는 거야!

아기 (얼굴이 벌겋게 되도록 화를 내며 아빠에게 온갖 장난감을 내던지고): **이이이오오옹! 이이이오오옹!**

이처럼 아주 어릴 때부터 우리의 욕구는 다양한 장벽에 부딪힙니다. 그런 장벽은 다른 사람들의 욕구일 수도 있고, 우리 자신의 한계일 수도 있지요. 아기는 식탁 위에 올라가고 싶어서 웁니다. 하지만 아기 혼자서는 거기 올라갈 수 없어요. 게다가 어느 누구도 아기를 거기 올려주지 않지요. 아기에겐 위험할 수도 있는 장소니까요. 아기 입장에서 볼 때 그건 부당해요. 하지만 부모 입장에서 보면 그건 타당한 일이에요.

아기들을 관찰하면서 그들의 생각, 그들이 불만스러워하는 이유들을 한번 가늠해보세요. 그러다 보면 아기들이 화내는 게 아주 우스꽝스러워 보이기도 하고, 때론 아기들의 울음소리도 다소 참을 만할 거예요. 그런데 아기들만 현실과 어긋난 욕구를 품는 건 아니랍니다.

차를 운전하고 있는 성인의 경우를 한번 볼까요. 그는 몹시 바빠서 다른 운전자들에게 화를 냅니다. 그가 볼 때, 다른 운전자들이 더 빨리 갈 수 있는데도 빨리 운전하지 않는 것 같거든요. 그는 마치 자기 약속이 세상에서 제일 중요하다는 듯 자기를 지체하게 만드는 느림보를 마구 비난합니다. 하지만 그 느림보는 단지 다른 사람의 생명을 위험에 빠뜨리지 않기 위해 제한속도를 준수하고 있을 뿐이에요. 다들 똑같은 필요성에 따라 움직이는 건 아니거든요!

"난 원해! 난 원해!" 여러분은 끝내주게 멋지고, 한창 유행하는…… 게다가 엄청나게 비싼 가죽점퍼를 간절히 원해요! 하지만 부모님이 그렇게 비싼 옷은 사줄 수 없다고 해서 여러분은 파카로 만족해야 해요. 그 파카도 그리 나쁜 건 아니지만 그렇다고 실망한 마음을 달래주진 못하겠지요.

"난 원해! 난 원해!" 우리의 의지는 항상 다른 의지와 대립하며, 현실은 우리가 모든 걸 갖지 못하게 막지요. 성인이 된다는 건 곧 성인답게 처신한다는 뜻이고, 이는 현실을 받아들인다는 의미예요. 그래도 여러분은 아직 성인이 될 준비를 하는 중이기 때문에 앞으로도 몇 년간은 어느 정도의 일탈을(물론 적당한 선에서!) 허용받을 수 있어요.

남의 발을 밟지 말자

"나의 자유는 다른 사람의 자유가 시작되는 곳에서 멈춘다."

여러분은 분명 이런 말을 들어본 적이 있을 겁니다. 다시 말해서 여러분에겐 몇 시간이고 전화기를 붙잡고 수다 떨 자유가 있지만, 그건 오직 식구들 가운데 전화를 사용하고 싶거나 꼭 사용해야 하는 사람이 없을 때만 그렇지요.(여기서 전화요금 얘긴 하지 말기로 해요!) 비록 휴대폰이 등장해서 '각자 **자기** 전화기'를 갖고 자유롭게 통화할 수 있게 되었지만, 그럴 때도 이기적으로 아무 데서나 떠들어대는 일은 피해야 하는 거죠.

따라서 일부 규칙들은 반드시 필요하며, 어떤 규칙들은 전화기가 발명되기 훨씬 전부터 존재했어요.

사실 금지조항이 만들어진 건 어제오늘의 일이 아닙니다. 성경이나 코란 같은 종교서적들을 아무 데나 펼치기만 해도, 금지행위 목록을 바로 발견할 수 있지요. 아주 일찍부터 사람들은 상호존중을 보장하기 위해 어떤 일은 허락하되 어떤 일은 금지해왔거든요.

잠시 과거로 돌아가 볼까요. 이번엔 발명가 옷을 걸쳐야겠어요. 얍! 작업복을 입고(이럴 수가, 내가 살이 좀 쪘나 봐요) 차고 쪽으로. 자, 이쪽으로 들어와서 좀 앉아요. 내 타임머신에 타신 걸 환영합니다! 안전벨트를 착용하세요, 시간조절기를 작동시킬게요.

어, 이 버튼은 뭐지? …… 아아아아아하!

854/451, 45x3, 14% 우이이이이잉_x_xzz¥β 67_©¿_

@8kTM……

슈우우우우웅

휴! 잘 작동되었네요!

　방금 우린 단숨에 1500년 전 세상으로 왔습니다! 우리는 기원전 13세기의 사막 한가운데 있는 시나이 산기슭에 착륙했어요. 날씨가 좀 덥네요.(제길! 선글라스 챙기는 걸 깜빡했군!) 이상하게도 이 사막이 보기만큼 적막하진 않네요. 저기 한 무리의 남녀가 우리 쪽으로 걸어오고 있네요. 그들은 이집트에서부터 걸어왔어요. 그곳의 정치권이랑 문제가 좀 있었던 모양입니다. 그동안 그들은 이리저리 좀 헤매고 다녔나 봐요.(이 사막에는 표지판이 거의 없거든요.) 그들의 몸 상태가 그리 좋아 보이지 않네요. 숨을 헐떡이며 배고프다고 투덜댑니다. 지겹도록 메뚜기만 먹었대요. 너무 덥기도 하고 목도 마르고…… 게다가 선글라스 챙기는 것도 깜빡했나 봐요. 그 사람들이 짜증을 내며 큰 소리로 다투기 시작합니다.

　"오른쪽으로 가자!"

　"아냐, 왼쪽으로 가!"

　"무슨 소리야! 똑바로 가야 해!"

　"엥! 누가 내 모자 훔쳐갔어?"

"건드리지 마! 그건 **내** 선크림이야!"

이젠 서로 주먹질까지 합니다. 어떤 사람들은 절망해서 더 이상 신을 믿지 못하겠다며 차라리 동물을 숭배하는 게 낫겠다고 합니다. 한마디로 난장판이 된 거죠. 그들의 지도자 모세가 끼어들었습니다. 처음엔 그도 점잖게 사람들을 진정시키려 했지요. 하지만 결국엔 그도 화를 내며 말합니다.

"지금부터 내 말을 잘 듣지 않으면 큰코다칠 거요! 다들 여기서 꼼짝 말고 기다리시오. 그동안 나는 저 산 꼭대기로 가서 신과 이야기를 나누고 오리다. 아마 신께서 해결책을 찾도록 도와주실 거요."

그 후 모세는 길을 떠나 시나이 산으로 올라갔습니다.(태양이 쨍쨍 내리쬐고 있어서 그다지 즐거운 등산은 아니었어요.) 산

꼭대기에 도착하자 신이 그를 기다리고 있다가 (대략) 이렇게
말했어요.

신: 안녕, 모세. 뭔가 화가 난 것 같구나.

모세 (부루퉁하니): 사람들 때문에 그
래요. 주님, 저 바보들을 어째야 좋
을지 모르겠습니다.

신: 알고 있다.

모세 (놀라며): 어, 정말이요?

신: 물론 정말이지, 내가 신 아니
냐.

모세 (불편해 하며): 죄송해요. 깜
빡했네요.

신: 그 얘긴 그만하자. 자, 여기
너를 위한 선물이다.

모세 (감격해서): 와, 감사합니다!
오늘은 제 생일도 아닌데!

신: 이건 내가 주는 십계명이야,
이 바보야! 이게 너의 문제를 해

2분만 기다리시오.
어찌나 날림으로 꽈는지...
당최 읽을 수가 없구먼.

결해줄 거다.

모세 (기뻐하며): 우와! 캡 멋져요!

모세는 신과 악수를 나눈 후 시나이 산에서 내려왔습니다. 아래에서는 계속 난리법석이었죠. 그래서 모세는 조용히 하라고 고함을 지른 후 이렇게 선언합니다.

"쉬는 시간은 끝났소. 이제부터 아무 짓이나 하는 건 그만 둡시다."

그리고 십계명을 읽습니다.

"다른 신을 섬기지 말라, 살인하지 말라, 절대 도둑질하지 말라, 네 이웃의 것을 탐하지 말라……"

적지 않은 논쟁을 벌인 후 사람들은 결국 이 계명들을 받아들였습니다.

그리하여 다시 평화가 찾아왔습니다.

그들은 서로를 존중하게 만드는 규칙을 받아들인 거지요. 이렇게 해서 성경이 태어났고, 이후 여러 세기를 거쳐 완성되었지요. 그 속에는 그들 민족과 종교의 역사적 전개과정이 담겨 있어요.

최초의 민법

기독교인들 가운데는 구약 성서를 중시하는 사람들도 있고 신약성서를 중시하는 사람들도 있지요. 하지만 구약성서든 신약성서든 성서를 뜻하는

'testament'(그리스어로는 diathêtê라고 해요. 그래요, 난 고대 그리스어도 유창하게 할 줄 알아요)이라는 단어는 원래 '협정' '계약'을 의미합니다. 인간이 만든 규칙의 자취를 담은 초기 기록들 가운데서도 종교적 율법들은 최초의 민법에 해당하지요. 최초의 규칙들이라 할 수 있겠지요. 거기서 법의 이념은 공동의 가치를 둘러싸고 잘 드러납니다. 종교는, 당시에 사람들이 사회의 틀을 마련하기 위해 다소 많은 수의 규칙을 따를 필요가 있다고 생각했음을 잘 보여줍니다. 이는 곧 많은 금지조항을 필요로 했다는 뜻이지요.

따라서 코란은 신앙만이 아니라 도덕성과 인류의 역사, 지식, 지혜, 사회정의, 경제에 대해서도 다루고 있어요. 바로 그렇기 때문에 오늘날에도 많은 이슬람 국가들이 여전히 이슬람 율법에 바탕을 둔 법률에 따라 통치될 수 있는 것이고요.

물론 모든 게 긍정적이기만 한 건 아니에요. 예로부터 지금 우리 시대에 이르기까지 종교적 율법은 항상 다양한 종교인들과 일반인들에게 해석의 대상이 되어왔습니다. 어떤 사람들은 그것을 자신의 권력을 뒷받침하는 데 이용했고, 또 어떤 사람들은 자신의 신앙을 강요하고 다른 의견을 받아들이지 않는 편협함을 보이면서 다른 나라를 정복하는 데 이용하기도 했지요. 그동안 종교를 명분으로 내걸고 벌인 전쟁과 범죄가 이루 헤아릴 수 없이 많거든요. 그러나 종교의 원래 의도는 서로를 존중하게 만드는 데 있었답니다. 괜히 서로 트집을 잡으며 시간을 보내지 않고 더불어 잘 살아가기 위해서, 적어도 나란히 살아가기 위해서였지요.

종교는 대개 **평화와 사랑**을 중시해요. 설령 현실 속에서는 '거기서 비켜, 내 자리야'나 '나랑 같은 걸 믿지 않으면 큰코다칠 줄 알아!'를 의미하는 경우가 너무 많다 할지라도 그래요. 사실 그건 또 다른 문제입니다.

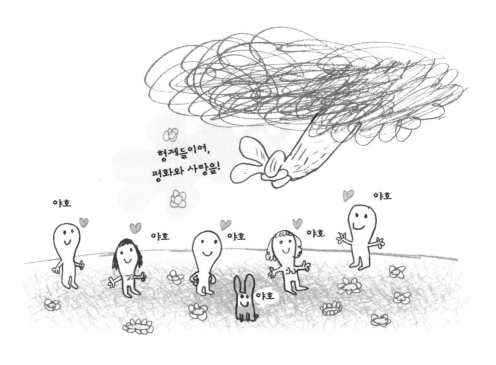

형제들이여,
평화와 사랑을!

야호

야호

야호

야호

야호

야호

  프랑스에서는 법이 종교가 하던 역할을 조금씩 대신해왔

는데, 그럴 때도 어떤 가치를 옹호하겠다는 생각은 항상 깔려

있었지요. 인간의 법이 점차 신의 법을 대신하게 된 것입니다.

"나의 자유는 다른 사람의 자유가 시작되는 곳에서 멈춘다"

자유의 한계는 어디까지일까?

인간은 누구나 독립된 개인으로서 자신의 목표와 욕구를 맘껏 추구하고 향유할 권리를 지닌다. 그러나 외딴 섬에 홀로 사는 게 아니라면, 공동체를 이루고 사는 사람들이 제각기 무한대의 자유를 누린다면 어떻게 될까? 그런 사회는 '무질서의 지옥'이거나, 몇몇 힘센 자들만이 온갖 권리를 누리는 '힘없는 자들의 감옥'쯤 될 것이다. 그렇다면 이 양극단 사이의 조화로운 지점은 어디일까? 사회 구성원 각자가 다른 사람의 자유를 침해하지 않는 범위 내에서 자신의 자유를 최대한 누리는 사회, 즉 영국의 철학자 밀이 말한 대로 '나의 자유는 다른 사람의 자유가 시작되는 곳에서 멈추는 사회' 아니겠는가.

밀의 『자유론』

영국의 철학자 존 스튜어트 밀(John Stuart Mill, 1806~1873)은 자유의 개념을 정립한 대표적인 자유주의 사상가이며, 자유주의는 오늘날 자유민주주의 국가에서 기본적인 정치원리로 받아들여지고 있다. 밀은 자신의 저서 『자유론(On Liberty)』에서 이렇게 말한 바 있다.

"인간 사회에서 누구든—개인이든 집단이든—다른 사람의 행동의 자유를 침해할 수 있는 경우는 오직 한 가지, 자기보호(self-protection)를 위해 필요할 때뿐이다. 다른 사람에게 해를 끼치는 것을 막기 위한 목적이라면, 당사자의 의지에 반해 권력이 사용되는 것도 정당하다고 할 수 있다. 이 유일한 경우를 제외하고는, 문명사회에서 구성원의 자유를 침해하는 그 어떤 권력의 행사도 정당화될 수 없다."

3 장벽의
건너편

전율을 즐긴다고?

좋습니다, 관용이나 사람들 사이의 존중, 차이의 인정, 그런 건 다 알겠어요. 하지만 솔직히 학교 교칙을 외는 건 전혀 내키지 않아요. 사실 수학수업을 빼먹고 친구랑 시내를 어슬렁거리거나 부모의 글씨와 서명을 흉내 내서 거짓말하고 조퇴하는 일은 이제 거의 고전이죠! 그런 모험담을 들으면 은근히들 부러워하잖아요. 이따금씩 벌이는 이런 모험들이 생활의 활력이 되기도 하고요. 모험은 인생의 일부예요. 우리가 결코 죽지 않는다면 사는 게 얼마나 권태롭겠어요. 아드레날린을 촉진시키는 데 강한 공포감보다 나은 건 없지요.

"두고 봐, 난 내 방 창문으로 나가 지붕 위를 걸어가서 여동생 방 창문을 두드릴 테니까." 여동생이 깜짝 놀랄 건 확실하지요……. 여러분은 결국 4미터 아래에 있는 튤립 화단에 머리를 처박게 될 테니까.

좋아요, 여러분은 그런 식의 원예활동을 할 마음이 없어

요. 하지만 그렇다고 해서 위험을 무릅쓰는 행동은 모두 어리석은 걸까요? 그건 아니에요. 왜냐하면 어떤 금지조항에 도전한다는 건 다른 자리를 찾아가는 일, 운명에서 벗어나는 일, 사다리를 타고 조용히 나가는 일일 때도 있거든요……

"최소한 안전은 확보해야 해." 아주 낙천적인 사람들조차도 이렇게 주장하지요.

정말 그래요. 발을 내딛기 전에 그 발이 어디를 디디게 될지 반드시 살펴야 합니다. 그러나 무엇보다 적당한 선에서 멈출 줄 알아야만 해요! 헌데 문제는 한계를 아는 게 항상 그리 쉽지는 않다는 데 있지요. 내 친구가 할 수 없었던 일도 바로 그거예요. 열두 살에 그 앤 동네 최고의 말썽꾼이었어요. 그 친구는 어떤 도전도 무서워하지 않았어요. 그 애 사전에 불가능이란 없었죠.

어느 날 열다섯 살쯤 된 소년이 내 친구를 찾아왔습니다. 소년은 지폐를 꺼내더니, 만일 친구가 양팔을 등 뒤로 돌린 채 자전거를 타고 언덕길을 따라 내려와서는…… 약 100미터쯤 아래쪽에 있는 사거리에서 자동차우선도로를 건너가면 그 돈을 주겠다고 했지요. 내 친구는 몸을 사리는 기색도 없이 그렇게 하겠다고 했어요. 구경꾼들이 모여들자 자전거에 올라탄 친구는 양손을 등 뒤로 한 채 언덕 아래로 내달렸고, 무사히 사거리를 지나갔지요.

바로 그 날부터 열두 살의 내 친구는 전설이 되었어요.

그 애 이름은 온 동네에 알려졌고 다들 그 애를 존경했지요. 누구도 감히 그 애의 용기를 의심하지 않았죠. 친구 쪽에

서도 계속해서 점점 더 대담한 '업적'을 쌓았어요. 세상에는 반드시 지켜야 할 규칙도 있다는 사실을 그 애가 깨달은 건 6년이나 더 지난 후였습니다. 항상 더 강한 자극을 추구하던 친구는 운전면허를 딴 지 이틀 만에 시속 150킬로미터로 달리는 자동차의 속도를 줄이지 못하고 나무를 들이박았거든요.

다행히 그는 다른 누구도 다치게 하거나 죽이지 않았어요.

으아아악.
탄성고무줄을
깜빡했네!!!

단지 자기가 휠체어를 타고 다니게 되었을 뿐.

이제 내 친구는 손을 뒤로 돌린 채 언덕길을 내려오는 일을 즐기지 않아요.

체계적으로 준비된 모험

자신을 넘어서고, 지금 가능한 것보다 더 멀리까지 밀고 나가고 싶은 마음을 갖는 건 매우 정상적인 일입니다. 확실히 그런 시도는 아주 기분 좋은 일이지요.

그러나 그럴 때도 규칙은 필요해요. 다리 위에서 번지점프를 하기 전에, 튼튼하고 두꺼운 이중안전띠를 마련하고 물리학과 수학에 대한 지식도 좀 갖추는 게 좋겠지요. 안 그러면 뛰어내린 후 격심한 두통에 시달리게 될 테니까요. 갑자기 암벽등반을 하고 싶을 때도 마찬가지입니다. 로프나 그물 없이 맨손으로 등반한다면 훌륭한 경치 앞에서 식은땀을 흘리게 될 게 뻔하잖아요. 그러니 가파른 협곡에 도전하기 전에 1,2미터 높이의 바위를 오르며 몸을 단련하는 게 아마도 바람직

할 거예요. 안 그러면 여러분의 등반 경력은 시작하기도 전에
끝나버릴 수 있습니다.

어쩌면 여러분은 이렇게 말할지도 모르죠, 그런 건 잘 알
고 있다고. 하지만 여러분은 발목에 고무줄을 묶고 거꾸로 매
달려 요요처럼 흔들거리거나 거미인간으로 변신하고 싶은 게

꼬마야, 걱정하
겁이 나는
정상이란다

아니라고요. 여러분은 모험을 원해요. 열대밀림 한가운데서 벌어지는 진짜 모험. 배낭을 메고, 카누를 타고, 출발! 아무 문제없어요……. 단지 원정에 필요한 장비를 미리 챙기고 경험이 많은 사람들과 함께 가기만 한다면 말예요. 그렇게 하지 않으면, 여러분은 보아뱀의 간식이 되거나 침낭 깊숙한 곳에

잠들어 있던 땅거미에게 발가락을 물려서 끔찍한 고통 속에서 죽게 될 위험이 커요.

과격한 운동을 하거나 위험한 상황에 (진지하게) 뛰어드는 사람들은 하나같이 여러분에게 이렇게 말할 겁니다. "모험을 하고 싶다면 신중함이 필요하다." 훈련, 장비 점검, 비상사태에 대한 대비, 여정 탐색, 정보 수집, 지식 습득……. 이런 세세한 일 하나하나가 생명을 좌우할 수도 있는 중요성을 가지거든요.

그리고 무엇보다 두려움은 부끄러워할 필요가 없어요. 우리에게 경고신호, 긴급 중지신호의 역할을 하는 것이 바로 두려움입니다. 우리 앞을 가로막는 장벽 앞에서 이가 덜덜 떨리며 맞부딪치는 소리가 날 때, 일단 멈추고 그런 모험을 감행할 필요성과 그 준비상태를 되돌아볼 수 있어야 해요.

현실과 허구를 혼동한다면 후회할 일이 생길 수도 있어요. 인생은 비디오게임과 달라서 **게임종료** 후에는 다시 시작할 수 없거든요.

'어쩌다 보니' 영웅이 되었다는 신화

어제까지 평범한 학생이던 친구가 오늘은 음반을 2만 장이나 팔고 방금 영화 촬영까지 마쳐서 곧 해외 순회공연을 시작할 거랍니다. 그는 한 번도 자신이 스타기 될 거라고 생각해본 적이 없었는데, 그냥 어쩌다 보니 그렇게 되었다네요. 그러니 그런 일은 누구에게든, 예를 들어 여러분에게도 생길 수 있는 일이에요! 그런 일이 벌어질 거라고 믿기만 하면 돼요. 행운이 여러분을 찾아올지도 모르죠. 어쩌면 바로 내일……

그래서 우리 할머니, 할머니가 프랑스 축구대표팀의 센터포워드가 되었다고요?

이런 이야긴 그만두죠. 그런 얘기에 넘어가지 말자고요. 젊은 스타들, 가수 배우 무용수로 활동하는 사람들은 당연히 안간힘을 다해 노력했던 겁니다. 그들은 자기 생활을 그 '꿈'에 맞추어 계획적으로 꾸렸고, 이를 위해 그 분야의 뛰어난 전문가들에게 도움을 받았어요.

누구든 어느 날 갑자기 영화나 연극의 전문가가 될 수는 없어요, 단지 우리가 그렇게 믿고 싶어할 뿐. 텔레비전이나 비디오게임, 영화를 통해 우리는 엄청난 우연과 엄청난 능력과 엄청난 용기를 발휘하여 영웅으로 변신하는 사람들을 접하게 되는데, 대개는 마치 자기가 그런 사람이 된 듯 느낍니다. 스크린 위에서 그들은 온갖 위험에 처하고, 궁지에 몰리고, 결사적으로 싸웁니다. 폭탄이 터지고 총이 난사되고 폭격이 쏟아지고 잠시 조용해졌다가 또 폭탄이 터지는 식이지만, 그들은 마지막 순간에 아슬아슬하게 탈출에 성공하지요. 그들의 으뜸패는 돌발적인 사건이고, 그들에겐 늘 행운이 따릅니다.

특수효과를 많이 사용해서 한층 더 사실적으로 비치는 이런 영웅들에게 감탄하다 보면, 온갖 신중한 사전 대비와 경험이 쓸모없게 여겨질지도 모릅니다. 용기와 의지, 그리고 선을 옹호하는 사람들에게 주어지는 행운만 있으면 자신의 한계를 넘어설 수 있을 것 같겠지요.

더 심각한 문제는, 그런 이미지가 단지 감정을 불러일으키기 위한 것에 불과하다는 데 있습니다. 사실 이 이미지들은 완벽하게 자기 역할을 수행하고 있어서, 우리는 너무도 안락한 세계를 접하면서 웃고, 울고, 부들부들 떨고, 콧노래를 부

르고, 이리저리 흔들립니다. 그 세계가 너무 안락해서 영화나 뮤직비디오, 게임, 리얼리티쇼 프로가 끝나도 거기 조금 더 머물고 싶은 마음이 들 정도지요. 때때로 현대판 영웅들, 최고의 영광과 권력과 명성을 누리는 이 영웅들이 자기들만의 법을 주장할 때가 있습니다. 인간의 규칙이 있고, 세계를 지배하는 슈퍼맨의 규칙이 따로 있다는 겁니다.(이런, 여기서 '신

안녕! 나처럼 슈퍼 영웅이 되고 싶은 사람은... 08-888-888...번으로 바로 전화하세요. (30만원/분)

의 법'이라는 개념으로 되돌아왔군요!) 바로 그런 식으로 스파이 더맨이나 배트맨, 브루스 윌리스, 혹은 뤽 베송의 영화에 나오는 전사들은 사건을 마치 개인적인 일처럼 취급하면서, 직접 문제 해결에 나섭니다. 스스로에게 복수할 권리가 있다고 혹은 엄청나게 매혹적인 여도둑을 자유롭게 풀어줄 권리가 있다고 결정해버리기도 하지요. 이대로 가다가는 인기 랩 가수가 젊은이들에게 '올바른' 행동양식이 어떤 것인지 정해주게 되는지도 모릅니다. 바로 옆방에서는 시거를 입에 물고 샴페인 잔을 손에 든 연예인이 귀를 쫑긋 세우고 감탄사를 연발해대는 2백 명의 신문기자들 앞에서 현실에 대해, 힘겨운 인생에 대해 일장연설을 늘어놓을 테고요.

슈퍼맨에게는 일반인과 다른 법을 적용한다는 거죠.

일반적으로 영웅은 원래 선해야 합니다. 그는 악과 맞서 싸우는 존재니까요. 하지만 자기가 다른 사람들보다 위에 있다고 상상하고, 정당하고 올바른 게 뭔지 잘 안다고 굳게 확신하다 보면, 권력이 그의 이성을 흐려놓을 수도 있어요. 그럴 때 우리의 영웅은 자기만 유일무이한 진리를 안다고 믿고, 자꾸 금지 조항들을 무시하도록 부추기고, 점점 파렴치해져서 마침내는 다른 사람들도 할 말이 있다는 사실을 잊어버리게 됩니다.

우리는 금지조항이 모든 사람에게 동일한 규칙을 적용하기 위해 존재하는 것이기도 하다는 사실을 명심해야 합니다.

금지조항을 이용하다

법을 지키지 않는 것은 법을

잘 지키는 사람들을 이용하는 행동입니다. 안타깝게도, 현실에선 금지조항을 어기는 사람이 그렇지 않은 사람들보다 유리하거든요. 아파서 견딜 수 없는 척하며 페널티에어리어에서 쓰러져서 부당하게 페널티킥을 얻어내는 축구선수는, **선험적으로** 그가 정직하다고 가정하고 있는 사람들의 믿음을 이용하는 거예요. 그는 그런 부정직한 행동 덕분에 이득을 얻는 셈이고요. 어쩌면 완전히 속아 넘어간 심판이, 그 (못된) 선수를 건드린 적도 없다며 항의하는 수비선수를 퇴장까지 시킬는지도 모르지요.

속임수를 쓰는 건 다른 사람들을 착취하는 짓입니다.

이 사실을 확인하기 위해 굳이 특별한 이야기를 꾸며낼 필요도 없지요.

자, 다비드의 아주 평범한 이야기를 들려줄게요. 다비드는 중학교 2학년생입니다. 친구들이 REM[1980년에 결성된 미국의 얼터너티브 록 밴드 -옮긴이]의 최근 CD를 사기 위해 몇 주 동안 용돈을 모으고 있는 동안, 용돈을 다 써버린 다비드는 '프낙'[우리나라의 교보문고처럼 곳곳에 지점이 있는 프랑스의 대형 도서음반매장 -옮긴이] 구석에서 그 CD를 훔쳤어요. 친구들은 그런 건 비열한 짓이라고 생각해요.(하지만 한편으로 감탄하기도 하죠!) 게다가 다비드는 영리해서 CD복제기를 가진 운 좋은 사촌과 함께 CD를 몇 장 구워서 학교 운동장에서 은밀하게 팔아먹었습니다.

그건 옳은 일일까요? 물론 아니지요. 그건 도둑질이거든요. 그런 일을 허용하는 법률은 (내가 아는 한) 존재하지 않습니다. 그럼 그건 나쁜 짓일까요? 당연히 그렇지요. 하지만 뭐,

프낙이 CD 몇 장 때문에 망하지는 않을 테고, REM이나 그 CD를 만든 음반회사도 마찬가지 아닐까요. 좋아요, 만일 모든 사람이 다비드처럼 행동한다면 복제 CD를 팔아먹는 일도 더 이상 가능하지 않겠지만, 모두가 그런 위험을 감수하진 않지요. 그러니 어떻든 복제 CD가 친구들에게도 득이 되잖아요, 안 그래요? 그건 일종의 연대감을 형성시켜주는 데다, 다

비드는 손쉽게 돈도 좀 벌게 되니 일거양득이죠…….

그렇다면 그게 정말로 그렇게 나쁜 짓일까요?

이건 대답하기 어려운 질문입니다. 어쩌면 그런 행동이 옳냐 그르냐를 밝히는 게 중요한 문제가 아닐 수도 있어요. 사실 그건 아주 개인적인 문제예요. 우리가 인간관계를 어떻게 생각하느냐와 관련이 있는 문제거든요. 다들 자기 자신만 위하면 될까요, 아니면 전체를 위해야 할까요? 우리 모두가 이 문제에 대해 같은 의견을 가질 수 없다는 건 분명해 보입니다. 대체로, 그건 상황에 따라 다르겠지요.

만일 여러분이 독일에 가본 적이 있다면, 독일 어른들이 자동차 신호등은 빨간색, 보행자 신호등은 초록색이 켜졌을 때만 길을 건너가는 걸 봤을 겁니다. 지나다니는 차가 전혀 없을 때에도 그들은 인도에 서서 기다리지요. 왜 그렇게 할까요? 그 이유는 아주 간단합니다. 아이들에게 모범을 보이기 위해서, 아이들이 빨간불이 켜졌는데도 길을 건너는 습관을 들이지 않도록 하기 위해서. 독일 성인들은 그렇게 행동함으로써 교통사고를 줄이는 데 기여하는 거지요. 그러니 만일 여러분이 길에 차가 전혀 다니지 않는데도 신호등 불이 바뀌기를 기다리는 독일인을 보더라도 그를 비웃지 마세요. 그는 오직 자기만을 위하며 살기보다는 다른 사람들도 함께 살아간다는 사실을 염두에 두고 있으며, 매순간 그가 선택한 행동이 다른 이들에게 영향을 미칠 거라고 생각하는 거니까요.

마찬가지로, 자기 용돈을 모아 CD 값을 지불하겠다고 마음먹는 사람이 바보 멍청이거나 겁쟁이여서 그런 건 결코 아니에요. 그는 도둑질을 거부했을 뿐이고, 그런 행동을 통해 하나의 이상을 옹호하는 셈입니다.

자기 일은 자기가 알아서 해야지!

2년이 지났습니다. 이제 다비드는 더 이상 CD에 관심이 없습니다. 물론 지금도 여전히 음악을 사랑하긴 하지요. 단지 그 일이 충분히 많은 돈을, 충분히 빨리 벌어주지 않아서 그래요. 학교에 경쟁자도 너무 많아졌고, 불법복제가 흔한 일이 되었거든요.

운 좋게도 다비드는 다른 '사업'을 찾아냈어요. 고등학생인 큰누나의 남자친구 아르노 덕분에 그는 새로운 장사를 시작했지요. 이제 다비드는 매일 점심시간이면 책 한 권을 펼쳐

난 불법복제 문제가... 너무 심각하다고 생각해요!

들고 도서관 구석에 자리를 잡습니다. 아주 열심히 책을 읽는 학생처럼 보이네요. 장소 덕을 보는 거지요. 도서관은 학교에서 제일 조용한 곳이에요. 열심히 책 정보를 입력하고 있는 사서를 제외하면 학생들을 감독하는 사람이 전혀 없어요.

때마침 학생들이 얌전하게 들어와서 책 한 권을 뽑아 들고(사서는 무척 기뻐해요. 최근 들어 도서관 이용과 책 대출 빈도가 눈에 띄게 증가했거든요) 잠시 다비드 옆에 앉습니다. '해시시' 아니면 '엑스터시'? 소설책 뒤로 작은 막대나 알약을 살짝 건네주고 돈을 받네요.

즐거운 한 주가 이렇게 지나고 나면, 아르노가 매주 다비드의 가방에 물건을 다시 채워주지요.

그 해 초부터 다비드는 단 하루도 학교를 빼먹지 않았지요. 물론 그의 성적은 그다지 환상적이지 않아요.

다비드가 수학을 공부하는 건 아르노와 셈을 치를 때뿐이거든요. 하지만 돈이라면 다비드는 자기 엄마가 한 달에 버는 것보다 더 많은 돈을 일주일 만에 벌지요. 그는 벌써 자기 일을 찾은 거예요. 그럼 뭐가 문제일까요? 문제는 다비드의 누나입니다. 어느 날 저녁, 누나가 남동생의 사업을 알아차린 거지요. 다비드는 누나를 몹시 좋아하지만, 가끔씩 그녀는 정말

『파란색 풀』
마약에 중독된 15세 소녀의
일기를 다룬 작자미상의 책
-옮긴이

로 성가시거든요. 항상 잔소리를 해대서 말이죠. 이번에도 그냥 넘어갈 리가 없죠!

누나 (절망해서): 다비드! 너 마약 하는구나!

다비드 (펄쩍 뛰며): 미쳤어! 그건 학교에서 팔 거야. 난 깨끗해!

누나 (분개하면서): 뭐라고? 하지만 다른 사람 생각은 안 하니? 너 때문에 얼마나 많은 애들이 마약을 하고 있는 거야? 몇 명이야?

다비드 (놀라며): 내가 그런 걸 어떻게 알아. 그건 걔들 문제지 내 문제가 아냐.

누나 (질겁하며): 세상에⋯⋯. 너 어떻게 친구들한테 그런 짓을 하니? 정말 한심하구나!

다비드 (무심하게): 에이씨⋯⋯ 자기 일은 자기가 알아서 해야지!

누나 (오른쪽 눈썹을 둥그렇게 치켜올리며): 뭐? 그러니까 자기만 위하면 된다 그 말이야, 지금?

다비드 (망설이며): 어⋯⋯ 그래.

누나 (단호하게): 아 그래, 좋아. 난 마약을 반대하는 사람이야. 특히 마약을 파는 사람들이 싫어.

다비드 (분위기를 바꿔보려고): 하지만 나 혼자 그러는 게 아냐. 나한테 '물건'을 대주는 게 아르노라고.

이번에는 누나의 눈썹이 양쪽 다 머리 꼭대기까지 치켜 올라갑니다. 다비드는 입술을 깨물지만 이미 너무 늦었네요. 결국 죄다 털어놓았죠! 누나는 전화기를 들고 아르노와 통화하더니 18초 만에 남자친구랑 끝내버렸지요.

누나 (아주 진지하게): 이번에는 너네 교장이랑 통화할 거야.
다비드 (창백해지며): 누나, 정말 그럴 건 아니지? 난 누나 동생이잖아.
누나 (빈정대면서): 그래서 어쩌라고? 다들 자기만 위하면 된다며, 아니야?

다비드는 어쩔 수 없이 가방에 든 걸 모두 버려야 했습니다.
그는 이해를 했을까요? 어쩌면 그럴지도 모르죠. 어쨌든 당장은 그런 짓을 그만두었으니까요.
다음날부터 그는 도서관에 가지 않았습니다. 아마 사서는 몰려오던 학생들이 갑자기 발길을 끊어서 무척 실망했을 거예요.

자기 입장을 선택하라!

정말이지 금지조항들은 몹시 막연해 보일 때가 많습니다. 법에는 '누구도 법을 모르지 않는 것으로 간주한다'라고 되어 있어요. 하지만 살아가면서 민법과 형법을 모두 외우고 있을 순 없잖아요. 게다가 바로 우리 코앞에 어떤 금지조항이 나타날 때, 그 의미와 존재이유를 항상 이해할 수 있는 것도 아니고요.

그렇지만 대략적인 윤곽은 우리도 알고 있지요. 우리가 개인주의자를 자처하면서 어떤 한계를 넘어서는 행동을 하면 다른 사람에게 폐가 된다는 사실을 우리는 잘 알고 있습니다. 슈퍼마켓에서 주머니 가득 물건을 채워 넣고 멀쩡히 서 있는 경비 앞을 유유자적하며 나오는 일은 분명 가슴 뛰는 일이고, 어쩌면 몹시 해보고 싶은 일일지도 모르지요. 게다가, 그게 정말로 남을 착취하는 일일까요? 혹시 서로를 존중해야 한다는 규칙을 내세워서 아무리 갖고 싶어도 모든 걸 가질 수는 없다는 사실을 받아들이게 만드는 게 오히려 착취

는 아닐까요? 그렇다면 도난방지용 자석 탭을 떼어내고 CD 를 재킷 안으로 슬쩍 밀어 넣으면서, 이건 다 불평등 때문이라고 변명할 수 있을까요? 금지조항이나 법, 권리는 모두 우리가 하나의 사회 안에서 서로의 자유를 존중하며 살아가기 위해 확립된 것입니다. 하지만 이런 규칙에 따라 행동할지 안할지는 일차적으로 각 개인이 선택해야 합니다.

혹시 한쪽에는 위스키 병을 열고 마시라고 꼬드기는 작은 악마가, 다른 쪽에는 그렇게 하지 말라고 설득하는 작은 천사가 떠 있는 하도크 선장의 그림을 기억하나요? 천사와 악마는 둘 다 선장과 닮았어요. 그들은 그의 인격을 구성하는 두 요소거든요. 우리는 천사인 동시에 악마예요!

더구나 그건 우리 스스로 알아서 해결해야 하는 문제예요. 각 개인 뒤에 탐정이 한 명씩 숨어서 살피는 일은 결코 없습니다. 감독관이나 교사, 부모가 학생들을 하나하나 쫓아다니며 몰래 감시하는 일도 결코 없지요.(정말 다행이죠?) 개인적으로 그런 지속적인 감시는 그다지 내키지 않아요. 나는 모든 사람들이 제각기 최소한의 가치를 중요시하고 이를 존중할 능력을 갖고 있다고 믿고 싶군요. 설령 그것을 무시하는 사람들 또한 항상 존재한다 할지라도 말이에요.

4 누가 결정하는가?

지금 할인판매하는
권리가 편가요?

내 행동을 따라하지 말고 내가 시키는 대로 해라!

"사람들이 우리에게 모범을 보이지 않아요!" 정말 그렇습니다. 여러분은 늘 그런 불합리한 상황과 마주치곤 하지요. 이를 뒷받침할 증거를 한번 볼까요.

가서 네 방좀 치워!!!

딸: 지긋지긋해! 엄마가 또 나한테 욕을 했어!

아빠: 제길! 너 좀 공손하게 말할 수 없니, 빌어먹을! 뭐 이딴 게 있어!

딸: 알았어, 아빠.

혹은 이런 일도 있어요.

엄마: 텔레비전 좀 그만 봐라. 방구석에 처박혀 있지 말고

동네라도 한 바퀴 돌고 오든지.

아들: 알았어, 엄마.

엄마: 야! 리모컨 이리 주고 가! 내가 좋아하는 프로 할 시간이란 말이야!

아니면 또 이렇겠지요.

교사: 너 어떻게 수학책을 안 가져올 수 있니?

학생: 그게…….

교사: 수첩 꺼내봐. 네 부모님께 한마디 써야겠다.

학생: 저, 선생님……. 선생님?

교사: 뭐?

학생: 오늘 저희 시험지 돌려주실 거예요?

교사: 아, 제길! 채점하는 걸 깜빡했네. 다음 주에 나눠주도록 하마.

이런 일이 없다고 부정하긴 힘들지요. 사람들이 어떤 일을 열심히 금지해놓고 정작 자기 자신에겐 허용하는 경우가 너무 많거든요! 간혹 더 나쁜 경우도 있습니다. 여러분은 신문

이나 방송에서 전직 장관이 범법행위로 유죄선고를 받았다
는 뉴스를 곧잘 접할 거예요. 결국, 금지조항을 선포하는 일
을 맡은 사람들 자신이 정작 금지조항을 준수하지 않는다는

거죠! 대단하죠!

이 세상은 완벽하지 않습니다. 법도 인간이 만들었지요. 설령 그 법을 신이 만들었다 해도, 해석하는 건 여전히 인간의 몫입니다. 금지조항을 만드는 사람들도 여러분이나 나처럼 인간이어서, 언제든 '계약'을 어길 수 있어요. 우리를, 우리나라 사람들을, 우리 학교 학생들을, 우리 가족 구성원들을 하나로 결합시켜준다고 믿었던 계약을 말입니다.

그렇다고 해서 모든 연대와 모든 교육을 포기하고 가장 힘센 자의 법으로 되돌아가야 할까요?

바로 이것이 우리가 제각기 부딪치게 되는 큰 어려움이지요. 하지만 인생이 항상 흥미로운 것도 어쩌면 그래서인지 모릅니다. 금지조항들은 완벽을 주장하지 않아요. 그건 결코 끝나지 않을 모색이거든요. 더구나 세상은 항상 변하고 진보하고 있어요. 사람들은 자신이 원하는 바를 표현할 수 있으며, 특히 규칙 자체에 대해 의문을 제기할 수 있습니다.

우리는 민주국가에서 살고 있기 때문에 금지조항들에 대해 토론할 수 있지요. 아마도 그것이 우리가 가진 가장 커다란 자유일 거예요.

민주주의 만세!

고대 그리스에서는 국민의 생활을 지배할 행정관료와 대표자들을 추첨으로 뽑았어요. 그들은 일반적으로 아주 짧은 기간 동안 그런 직위를 맡았지요. 이런 체제는 많은 시민이 돌아가면서 통치에 참여할 수 있게 해주었어요. 그리스 사람들은 바보가 아니었던 거죠……. 물론 우연이 항상 일을 잘 풀어준다는 전제가 있어야 하겠지만요!

추첨을 통해서든 투표를 통해서든 민주주의는 일차적으로 국민에게 발언권을 줘요. 국민이 결정하고 선택할 수 있게 하는 거죠. 그렇게 하기 위해서는 대표를 뽑아야 해요.

여러분도 그 과정을 이미 알고 있을 겁니다. 매년 같은 일이 벌어지잖아요. "누구 학급 대표가 되고 싶은 사람 있나?" 내가 원하는 사람을 찍어야 할까, 아니면 출마하는 사람을 찍어야 할까? 그러고는 시작되지요. 종이를 자르고, 휴지통을 비워서 행운의 투표함을 만듭니다. 잠시 후 선생님이 분필을

학급 대표가 되는 건
내 경력의 시작일 뿐이야

손에 들고 칠판 앞으로 나가고, 한두 명의 개표 담당자가 꼬깃꼬깃 접힌 투표용지를 펼쳐서 아무렇게나 휘갈겨 쓴 이름을 때론 서두르며 때론 신중하게 읽지요. 간혹 우스꽝스런 말을 덧붙여서 다들 배꼽을 잡으며 폭소를 터뜨리는 일도 있고요.

이런 식으로 민주주의는 선거 때마다 정기적으로 대표자들을 다시 검증합니다. 따라서 금지조항들도 지속적으로 토론의 대상이 되지요. 어떤 금지조항은 없애고, 다른 금지조항을 제안하기도 합니다. 이런 변화 덕분에 프랑스의 노동자들은 1936년 처음으로 유급휴가를 누리게 되었지요. 1945년 이전에는 여자들에게 투표권도 없었어요. 그리고 1982년까지 동성애는 경범죄로 처벌되었답니다.

우리 사회는 계속 진화하고 있습니다. 그게 좋은 방향의 변화인지 나쁜 방향의 변화인지는 각자의 의견에 따라 다를 수 있습니다. 하지만 어떤 식으로든 사회는 그 사회를 구성하는 개인들에 따라서 변화하지요. 이는 민주주의 사회이기 때문에 가능한 일입니다.

물론 민주주의는 일정한 수의 금지조항을 근거로 삼기도 하지요. 여러분도 나도 우리를 보호하는 권리를 누리기 위해서는 그런 규정들을 받아들여야 하며, 자신의 입장을 표현할 수 있어야 합니다. 그리고 우리가 뽑은 대표들에게도 약속을 지키라고 요구해야 합니다.

토론이 가능하려면

"말하기 전에 손을 들라!"

어쩌면 발을 들거나, 휘파람을 불거나, 인상을 쓸 수도 있었을 텐데…… 우리는 손을 들어야 해요. 그건 하나의 규칙, 하나의 기호거든요. 물론 말하기 전에 천장의 높이를 확인하기 위해서가 아니지요. 모든 사람이 동시에 말을 하는 일이 없도록 하기 위한 거죠.

살아가면서도 마찬가지입니다. 토론하고, 의견을 교환하고, 자기 신념을 표현하는 일은 우리 사회의 기본 토대지요. 하지만 토론이 가능하려면 무엇보다 토론에서 요구되는 최소한의 규칙을 존중해야 합니다. 그중에서도 가장 중요한 건 서로 상대의 말을 들어주어야 한다는 거지요. 바로 그렇기 때문에 손을 위로 번쩍 들어 올리는 팔운동이 시작되었어요.

또한 토론한다는 건 권위에 기대지 않고도 자기 입장을 정당화할 수 있다는 뜻이기도 하지요.

학생 (투덜대며): 선생님, 너무해요! 매일 밤 숙제가 너무 많아요.

교사 (거만하게): 미안하지만 왜 '너무하다'는 거지? 말해봐.

학생 (어깨를 으쓱하며): 그건…… 너무하니까 너무한 거죠!

교사 (짜증내며): 그래도 어쩔 수 없어. 교과서 꺼내라. 너네랑 수다 떨고 있을 시간 없다.

이런 경우 여러분은 그저 따를 수밖에 없을 테고, 의견 교환은 아무런 성과 없이 끝나지요. 논증도 없이 토론은 끝나버리고, 권위를 가진 교사 마음대로 결정이 되고 맙니다. 의견을 개진할 수 있으려면 약간의 관용이 필요하지요. 각자 자기 신념을 이야기할 수 있어야 하며, 다른 사람들의 건설적인 비판을 받아들일 줄 알아야 합니다.

이렇게 된다면 어떨까요.

학생 (반항하며): 선생님, 너무해요! 매일

밤 숙제가 너무 많아요.

교사 (농담하듯이): 왜? 저녁에 텔레비전 앞에 앉아 있고 싶어서 그러니?

학생 (진지하게): 그게 아니에요, 선생님. 단지 저희가 매일 저녁 친구를 만날 시간이 없어서 그래요. 그래서 다음날 수업중에 이야기를 나누게 되는 거라고요.

교사 (역시 진지하게): 내가 그 생각을 못했구나. 그럼 매일 밤 숙제를 줄이기 위해 너희가 수업시간에 최대한 열심히

공부하는 건 어떨까 싶은데. 수업시간을 낭비하며 수다 떠는 건 그만두고 말이지!

학생 (다 함께): 네! 그럴게요, 선생님!

이쪽이 더 좋지 않나요? 그래요, 물론 이건 꿈같은 일이에요. 하지만 유급휴가나 주 35시간 노동, 여성참정권 같은 것들도 지난 세기 초에는 꿈같은 일에 불과했답니다.

꿈을 현실로 만드는 일은 오직 우리 손에게 달렸어요!

내 권리를 침해하지 말라

프랑스에서 살아가는 순간부터 우리는 프랑스 법률을 알아야 하고, 그걸 준수해야 합니다. 예를 들어, 나는 식당에 들어가서 왕처럼 식사한 후 돈을 내지 않고 나올 권리가 없다는 사실을 잘 알지요. 여러분도 이웃집의 고약한 개에게 새총을 쏘는 일이 금지되어 있다는 걸 잘 알고 있어요.(아, 물론 한번 해보고 싶은 맘은 굴뚝같겠죠). 법은 우리가 다른 사람들이 우리에게 하지 말았으면 하는 일을 그들에게 행하는 걸 금지합니다.

그 대신 법은 우리를 보호해주지요. 법은 성인들만이 아니라 미성년자들도 보호해요. 어떤 성인도 여러분을 학대하거나 성추행하거나 노동을 시킬 권리가 없어요.(물론 학교는 예외예요, 당연하죠!) 여러분은 여러분의 의견을 표현할 권리, 문화적·종교적 주체가 될 권리, 보살핌을 받을 권리가 있어요.

금지조항들은 권리의 문을 열어놓지요. 우리는 제각기 다른 권리를 갖습니다. 모두가 존중받아야 하기 때문에 그렇지요. 여러분 주위를 둘러보세요. 여러분의 친구들, 여러분이 길에서 마주치는 사람들은 하나같이 여러분과 다르지요. 어떤 사람들은 (어쩌면 여러분도) 소수집단에 속합니다. 예를 들어 장애를 가진 사람들을 생각해봐요. 장애가 있는 운전자

는 장애인 전용 주차구역을 이용할 권리가 있어요. 그런 구

역은 공간이 더 넓어서 문을 활짝 열고 휠체어를 꺼낼 수 있

거든요. 또 어떤 사람들에게는 세심한 관심이 필요해요. 예를 들어 버스에서 노약자석은 나이 든 분들이 서서 가지 않아도 되게 해주지요. 나이 든 분들에게는 버스에서 서 있는 일이 고통스럽고 더 힘겨울 수 있거든요.

혹시 여러분 가족의 수가 너무 많거나 여러분의 부모가 수입이 적고 경제적 어려움을 겪고 있다면 아마 여러분은 도서관이나 학생식당에서 이용요금을 할인받을 수 있을 겁니다. 어떤 사람들에게는 허용되지만 다른 사람들에게는 주어지지 않는 권리들 덕분에, 다들 연대책임을 지고 꼭 필요하다고 여겨지는 서비스를 똑같이 누릴 수 있는 거지요.

이건 모두가 똑같은 걸 가져야 한다는 말이 아닙니다. 여러분이 형제가 여섯 명이나 된다고 해서 리복 운동화를 5만 원으로 할인해주는 일은 없겠죠. '기본' 서비스 외에, 각자 자기에게 맞는 특별한 혜택을 선택하거나 누릴 가능성이 있다는 뜻입니다. 그게 현실이에요.

아마 여러분은 따뜻한 수영장을 갖춘 빌라에 살지 않을 테죠. 그리고 매주 이발소나 미용실에 가는 대신 여러분 부모의 친구가 여러분의 머리카락을 잘라줄 거예요. 하지만 그렇

다 해도 여러분은 진지하고 이해관계를 떠난 우정을 누리면
서 인간관계에 있어서나 감정적으로 풍요로운 삶을 살 수 있
어요.

　물질적인 부유함만으로 행복해지는 건 아니잖아요?

여성참정권의 역사

여성은 국민도 아니다?

참정권이란 흔히 선거권(선출할 수 있는 권리)과 피선거권(선출될 권리) 등을 통해 정치행위에 참여할 수 있는 권리를 말한다. 그런데 참정권 앞에 '여성'이란 꾸밈말은 왜 붙었을까? 오늘날엔 누구나 당연한 일로 여기지만, 사실 여성들이 투표를 할 수 있게 된 것은 100년도 채 안 된 일이다. 서유럽의 경우, 17~18세기 시민혁명을 통해 민주주의가 대두되면서 비로소 국민들에게 참정권이 주어지기 시작했다. 그러나 그 '국민' 속에는 '여성'이 제외되어 있었다.

세계 각국의 여성참정권 수용 시기

20세기에 들어서서 투표권을 얻기까지 여성들은 험난한 투쟁을 거쳐야 했다. 1789년 프랑스대혁명 때 "정치에 있어서도 남녀가 동일해야 한다"는 최초의 문제제기가 있었지만, 본격적인 여성참정권운동이 일어난 곳은 1830년대의 미국이었다. 1869년 '여성참정권법안'이 의회에 제출된 이래, 부분적으로 주 단위에서 인정되긴 했지만 연방정부 차원에서 이것이 승인된 것은 1차 세계대전 후인 1920년이었다. 한편 세계 최초로 여성참정권을 인정한 나라는 뉴질랜드(1893년)이며, 북유럽 국가들(핀란드 1906년, 노르웨이 1913년, 덴마크 1915년)이 대체로 앞줄에 선다. 이후로는 영국 1928년, 프랑스 1945년, 스위스 1971년, 쿠웨이트 2006년의 순이다.

그렇다면 한국은? 서구 열강의 식민지로 전락해 있던 아시아와 아프리카 지역은 2차 세계대전 후 독립하게 되면서 민주주의를 받아들인 탓에, 서구와 같은 격렬한 투쟁 없이 참정권을 얻게 되었다. 한국 역시 일제로부터 독립한 후 1948년 제정된 헌법에서 남녀의 평등한 참정권이 인정되었다.(북한은 1946년)

소수자 혹은 약자 보호는 왜 필요한 걸까?

약육강식과 다수결

동물의 세계에서 통하는 원칙은 오로지 약육강식 하나다. 약자는 강자에게 철저히 복종하거나, 아니면 물려 죽거나. 그러나 인간이 여타 동물과 구분되는 점은, 생각과 뜻이 다른 강자와 약자 사이에서도 토론과 타협이 가능하다는 데 있을 것이다. 흔히 서로 다른 의견이 부딪칠 때, 민주주의 사회에서 취하는 가장 일반적인 원칙은 '다수결주의'이다. 사람들의 의견이 여럿으로 나뉘는 사안이라면, 어쩔 수 없이 가장 많은 지지를 얻는 의견, 즉 다수의 의견을 최종 결정으로 삼는 게 합리적이다. 한편, 여기엔 그 의견을 지지하지 않았던 소수의 사람들이 언제나 있게 마련이다. 그렇다면 그들에게 '당신들이 이 사회의 구성원인 한 억울해도 다수의견에 무조건 따라야 한다'고 해야 할까?

다수결과 사회적 정의

다수결에 따른 결정은 정당하다. 그러나 늘 정의로운 건 아니다. 예컨대 비장애인이 다수인 사회에서 다수결에 따른 결정이란 비장애인을 위한, 비장애인 중심의 것이기 십상이다. 그런 사회에서 장애인은 자신들을 위한 결정을 얻어낼 길이 없다. 그들은 소수이니, 다수결에 따르는 한 언제나 그렇다. 한 사회 안에서 특정의 소수자들이 언제나 이렇게 불이익을 받아야 한다면, 그건 다수라는 이름의 또다른 강자가 나타나 횡포를 부리는 것에 다름 아니다. 이런 사회를 정의롭다고 할 수는 없지 않은가.

인간은 자신을 위해 남을 죽일 수 있다. 여기까지라면 여타 동물과 다르지 않은 존재다. 그러나 남을 위해 자신을 죽일 수도 있는 게 또 인간이다. 그런 인간이 모여 이룬 사회이기에 '사회적 정의'란 것도 논할 수 있는 것 아니겠는가.

5 검열 혹은 금지

아기는
어떻게
생겨요???

피 한 잔…
가득 채워 주세요!

열두 살 미만의 아이들에게는
〈반지의 제왕〉 관람을 금지해야 할까요? 어린 남동생이 소파
에 누워 〈스크림〉 비디오를 보게 내버려둬도 될까요? 〈택시〉
를 1편부터 6편까지 섭렵한 아이들, 걔들은 자전거를 더 빨리

몰게 될까요?

잘린 목, 피투성이가 된 영웅, 범죄를 꾸미는 연쇄살인범, 가학적인 마녀, 썩어 문드러진 좀비, 불붙은 비행기, 도심 속에서 숨 막힐 듯 경주를 펼치다 끼이익 소리 내며 옆으로 미끄러지는 자동차, 연쇄 폭발, 작렬하는 바주카포…… 그런 장면이 나오는 영화는 몇 살부터 봐도 되는 걸까요? 예전 방식으로 하얀 사각형? 삼각형? 동그라미? 십자가?[프랑스의 연령별 영화관람등급을 표시하던 기호들. 하얀 사각형은 전체 관람가, 삼각형은 12세 미만 관람불가, 동그라미는 15세 미만 관람불가, 십자가는 18세 미만 관람불가 -옮긴이] 차라리 파란줄무늬와 초록물방울무늬가 있는 빨간색 평행육면체는 어때요? 그러나 끊임없이 되풀이되는 이런 문제 제기는 전혀 쓸데없는 일이 아닙니다.

사실 텔레비전을 보는 청소년을 관찰하다 보면 놀라게 될 때가 있어요. 그는 자기 고양이가 깃털이 약간 빠진 작고 예쁜 참새를 의기양양하게 물고 오면 질겁하지만, 피가 난자하는 저녁 뉴스, 대인살상용 지뢰 폭발이나 르완다의 굶주림, 핵발전소 사고가 있었던 체르노빌 지역에서 태어난 우크라이나의 기형아들을 다루는 르포 시리즈는 눈썹 하나 까딱하지 않고 보거든요.

좋아요, 앞의 예에서는 그가 키우고 있던 **그의** 고양이가 문제가 되는 상황이고, 바로 **그의** 고양이가 잘못을 저질렀기 때문이라고 치지요. 하지만 고양이가 새를 잡아먹는 건 지극히 자연스러운 일이에요. 반면에, 지뢰 폭발이나 테러 등 텔레비전이 보여주고 증언하는 그 모든 끔찍한 사건들은 너무 가깝고 너무 사실적으로 다루어져서, 그걸 보다 보면 비명을 지르고 울음을 터뜨리면서 그런 넌더리나는 일은 용납하지 않겠다고 결심하는 게 정상적일 것 같지만……. 그런 장면 앞에서 눈물 한 방울 흘리지 않는 경우가 많습니다.

한동안 사람들은 그런 이미지들이 그리 심각한 영향을 끼칠 수 없다고 믿었지요. 그러나 오늘날에는 잔인하고 충격적인 이미지를 접하면서 텔레비전 시청자들이 일종의 '수면상태'에 빠질 수 있음이 밝혀졌습니다. 그렇다고 해서 이 수면상태가 그들을 보호하는 역할을 하지는 않지요. 시청자들이 본 이미지는 뇌 한구석에 자리잡고 있다가 시간이 좀 더 흐른 뒤에 그들의 행동을 교란시킵니다. 악몽, 불안, 공포, 손쉬

운 폭력, 동요, 집중 장애…… 일어날 수 있는 결과는 끝도 없이 나열할 수 있을 거예요. 나이가 어린 시청자들은 그런 이미지의 영향에서 벗어날 수 있도록 심리치료를 받는 게 최선이에요. 개인적으로 나는 금지조항들이 없어서는 안 된다고 생각해요. 부모로서, 그리고 이 책이나 다른 여러 책의 저자로서, 난 그렇게 확신합니다. 같은 이유로 나이 제한도 내겐 꼭 필요해 보여요. 만일 어떤 장면들이 충격을 줄 수 있다면, 이를 금지해서 어린 독자나 (텔레비전) 시청자를 보호해야 해요. 모든 것에는 그에 맞는 나이가 있어요. 그리고 여러분 나이에 맞는 책이나 영화가 충분히 많아서 그런 걸 마음대로 보면 되기 때문에, 굳이 더 나이 든 사람들을 위한 책이나 영화까지 찾아다닐 필요는 없어요.

물론 어떤 때는 여러분도 새로 나온 비디오게임을 하면서 적의 목을 자르고, 토막 내고, 깨부수고, 고문하고, 전멸시키는 일을 해보고 싶겠지요. 미지의 영역을 탐험하고 그에 대해 다른 사람들만큼 (혹은 그들보다 더 많이) 알고 싶어하는 욕망을 갖는 건 당연해요. 그건 여러분에게 배우고 익히고자 하는 욕구가 있다는 증거지요. 하지만 바로 이처럼 여러분의 욕구가 무한하기 때문에, 여러분의 자율적인 영역을 한계 짓는

테두리가 필요하답니다. 안심하세요. 이미 그 테두리가 상당히 확장되어 있기 때문에, 여러분은 테두리 안에 있는 영역도 다 탐험하기 힘들 거예요!

그렇지만 금지가 검열의 형태로 나타날 때도 있어요. 그런 경우는 여러분을 보호하기 위한 것이라기보다 표현의 자유를 제한하는 것으로 볼 수 있습니다. 검열이 문제 삼는 건 합당한 연령이 아니라 다루고 있는 주제예요. 사람들은 검열을 완전히 없애기 위해 노력하고 있지요.

어떤 영화 줄거리를 들려줄게요. 한 중학교의 체육선생으로 새로 부임한 피에르는 동성애자예요. 그는 부임한 지 몇 주 뒤에 교장과 사랑에 빠집니다. 우연히 교장도 남자를 더 좋아하는 사람이었던 거죠. 그런데 두 남자가 학교 바깥에서 껴안고 있는 모습을 학생들이 보게 됩니다. 그 일은 금방 소문이 났죠. 처음에는 학생들이 피에르를 비웃고 부모들은 교장의 사임을 요구해요. 하지만 힘겹게 싸우며 몇 달을 보낸 후, 두 남자는 학생들과 무척 친해지게 되지요. 결국 그들은 자기들이 가진 차이를 인정받게 되고, 일도 잘 풀려서, 예쁜 아프리카 아이를 한 명 입양해서 행복하게 살지요.

"안 돼요!!! 그런 영화는 금지시켜야 해요! 그런 이야기를 애들한테 들려주어선 안 되죠. 애들이 충격을 받고 동성애자가 될 거예요. 그런 나쁜 이야기는 숨기자고요! 젊은이를 보호해야죠!"얼마 전까지도 프랑스에서 들을 수 있었던 주장입니다.(너무 신랄하게 굴지 않기 위해 지난 이야기를 예로 들었어요.) 그런 경우, 금지는 정당하지 않아요.(우리는 나이가 몇 살이든

상관없이 동성애에 대해 이야기할 수 있어요.) 그런 일은 소수집단을 배제하려는 의도를 숨기고 있기 때문에, 검열이라 볼 수 있거든요.

안타깝게도 어떤 것이 금지인지 검열인지 종종 그 경계가 모호할 때가 있습니다. 검열관들 쪽에서, 그건 우리의 자유를 지키기 위한 거라고 주장하면서 일부러 경계를 흐려놓는 경

우도 많지요. 게다가 앞에서도 살펴보았듯이, 우리의 생각은 모두 끊임없이 진보하고 있어요. 민주주의는 기존의 금지사항을 다시 문제 삼도록 허용하기 때문에, 경계 자체가 꾸준히 변하고 있는 것이지요.

논쟁 금지

"그러니까 금지는 정말 좋은 것이군요! 멋져요! 고마워요! 금지조항들 만세!"

앗! 잠깐만요! 너무 열광하지 말자고요! 맞아요, 대부분의 경우 우리는 금지조항을 받아들임으로써 자율성도 가질 수 있어요. 하지만 그건 대부분의 경우 그렇다는 말일 뿐, 예외란 항상 존재하기 마련입니다.

학생 (열의에 넘쳐서): 선생님, 제가 얼마 전에 읽은 책을 반 친구들에게 소개하고 싶어요.

교사 (미심쩍어 하며): 그 책은 추천도서 목록에 없잖아. 압수야!

학생 (놀라며): 하지만, 선생님······.

교사 (추궁하듯이): 말해봐, 너 머리 그거 원래 곱슬머리냐?

학생 (천진하게): 왜 그런 걸 물어보시는데요, 선생님?

교사 (뚫어지게 바라보며): 게다가 햇볕에 그을린 피부색하며······ 아직 2월인데 이상하잖아.

학생 (순진하게): 원래 제 피부색인데요.

교사 (화를 내며): 원래 피부색이라고! 그러니까 넌 프랑스인이 아니구나!

학생 (난처한 듯): 전 프랑스인 맞아요, 하지만 제 할아버지
께서 튀니지 출신이시라……

교사 (흥분하며): 뭐라고! 그럼 넌, 외국 태생 학생들은 이 학
교에 다닐 수 없다는 새로운 규칙을 모르는구나!

학생 (진지하게): 그렇지만…… 그건 비열한 짓이에요!

교사 (의기양양하게): 뭐? 너 감히 교칙에 문제를 제기하는

거냐! 그런 행동도 금지야! 당장 교실에서 나가! 교장실로
가! 지금 당장!

　우리 이런 일이 실제로 벌어지는 경우는 결코 없기를 기도
합시다. 하지만 아직도 세상에는 흑인들의 출입이 금지된 지
역이 남아 있으며, 과거 남아프리카공화국에서 실시하던 지
독한 인종격리 정책만큼이나 차별적인 법이 존재한다는 사실
을 잊지 말아야 해요.

　집회 금지, 토론 금지, 신을 믿는 것 금지, 신을 믿지 않는
것 금지……. 우리는 이런 목록을 끝없이 늘릴 수도, 그걸 불
태워 없앨 수도 있어요. 사실 금지조항이 존재하는 까닭은 우
리가 관용과 자유, 자신과 타인에 대한 존중 등의 가치를 확
립하는 데 다 함께 기여함으로써 인간 공통의 가치를 존중하
기 위해서지요.

　만일 그렇지 않다면, 여러분을 이끄는 사람은 독재자일 가
능성이 다분해요!

섹스? 여러분, 섹스라고 말했나요?

금지조항 중에는 성욕을 통제하기 위한 것도 있지요. 근친상간은 금지되어 있으며, 이를 어기면 처벌받습니다. 길 한가운데서 사랑을 나누는 일도 금지되어 있고요. 우리는 상대에게 성관계를 강요할 권리가 없으며, 15세 미만의 미성년자가 성인과 성관계를 갖는 경우에는 성폭행당한 것으로 간주됩니다.

한편, 법은 폭력이나 강제가 없는 한 성관계를 가질 상대와 방식을 자유롭게 선택하도록 허용하지요. 또한 가족이나 친구들끼리, 아니면 학교에서 성에 대해 이야기하는 일도 법은 금지하지 않습니다. 하지만 성인

142

안녕하세요. 오늘 우린...
어... 섹스에 대해... 음... 흠...
성욕에 대해 알아볼 거예요.

들 가운데 청소년들과 아무 거리낌 없이 성에 대해 토론하려드는 사람은 거의 없을 거예요. 성에 대해 이야기하는 것 자체가 금기시되고 있는데, 이건 일종의 자기검열, 자기금지라고 볼 수 있지요. 예를 들어 학교의 성교육 시간은 종종 남성과 여성의 생식기 단면도를 보며 설명을 듣고, 좀 전에 먹은 점심을 토할 것 같은 기분으로 분만 비디오를 시청하는 정도로 끝납니다.

그렇지만 성교육이라는 표현 자체가 (정보라는 단어 대신) 교육이라는 단어를 사용하고 있어요. 그 이유는 따로 말할 필요도 없이 분명해요. 성에 대해 교육하는 까닭은, 사회적 규칙의 필요성을 더 잘 이해하고 차이를 받아들이고 공동의 가치를 표현하고 자존감과 타인을 존중하는 마음을 키우도록 돕기 위해서니까요.

성인들은 금기를 마주하게 되면 대개 "나중에 이야기하자"라거나 "여기서 그런 이야기를 하긴 곤란해"라며 질문을 교묘하게 회피함으로써 그런 이야기를 하고 싶지 않다는 사실을 은근히 드러내지요.

그러나 그런 금기들은 존재이유가 없어요. 특히 학교에서는 더욱 그래요. 우리는 모든 것에 대해 말할 수 있어야 하고, 반드시 그래야만 합니다.(설령 다른 주제보다 이야기하기 곤란한 주제라 할지라도 말이지요.) 단, 다른 사람의 사생활을 침해하지 말아야 한다는 조건은 반드시 지켜야 합니다.(영어 교사가 누구랑 잠을 잤는지, 과학 교사의 성기 크기가 얼마나 되는지 알아내는 게 목적은 아니잖아요!) 마찬가지로 각자의 신념은 그것이 (양성평등을 부정한다든지 인간의 존엄성을 훼손하는 등으로) 공동의 가치를 위반하지 않는 한 존중해야 해요.

금기들은 텔레비전에서 전성기를 맞고 있어요. 감히 말하기 힘든 게 있다고요? 아, 그런가요! 그럼 탐방프로나 고발프로 같은 걸 틀어보세요. 텔레비전을 보다 보면 별 어려움 없이 우리 사회의 금기 목록을 작성할 수 있을 거예요.

텔레비전은 우리를 대신해서 말하지요. 정말 유감스럽지 않나요? 그런 문제를 논의하다니, 텔레비전이 우리보다 훨씬 더 인간다운 셈이잖아요.

결국 금기사항이 개인이나 국가에 따라 서로 다를 수 있음을 깨닫게 되는 건(어쩌면 이미 그걸 깨닫고 있을지도 모르지만) 그것에 대해 대화를 나누면서 시작되는 겁니다. 예를 들어, 프랑스에서는 죽음이 두려워서 그걸 감추고 가능한 한 빨리 시체를 처리하는 경향이 있지만, 멕시코에서는 장례식 날을 축제처럼 보내지요. 프랑스 사람들은 죽은 사람이 생전에 좋아하던 것(음식, 술, 꽃 등)을 묘지로 가져가 차려놓아요! 그러고는 영혼의 귀향을 인도하기 위해 초나 램프에 불을 밝히고, 간혹 해골로 변장한 어릿광대들이 아주 무시무시한 분위기를 조성하는 동안 죽은 사람에 대해 달콤한 말을 나누곤 하지요.

반대로 멕시코 사람들은 죽음과 더불어 즐겨요. 소중한 존재가 떠났다는 사실을 받아들이고 삶을 이어가기 위한 나름의 방식이지요.

금기는 이렇게 사회마다 서로 다릅니다. 이런 차이가 교환
과 발전의 원천이 되기 때문에 정말 다행스러운 일이지요.

'검열'과 '표현의 자유'의 충돌

검열이란?

국가가 책이나 방송, 문화예술 작품, 우편물(개인 이메일도 포함) 등의 내용에 대해 어떤 기준에 어긋날 때 수정, 삭제, 압수, 발매나 상영 금지 등의 조치를 취하기 위해 검사하는 걸 말한다. 하지만 그 기준은 누가 정하는가? 만일 힘있는 사람이나 세력이 사람들의 생각을 통제할 목적으로 자기 입맛대로 그 기준을 정해버리면 어떡하는가? 바로 그래서, 민주주의 국가에서는 원칙적으로 검열을 금지한다. 현재 한국도 헌법에서 "언론·출판에 대한 허가나 검열과 집회·결사에 대한 허가는 인정되지 않는다"라고 명시하고는 있다.

'표현의 자유'가 중요한 이유

검열이 문제가 되는 것은 그로 인해 '표현의 자유'가 제약당하는 경우가 생기기 때문이다. 예컨대 국민들이 사회적으로 중요한 결정을 내려야 하는 경우, 올바른 판단을 위해선 다양한 정보가 충분히 주어져야 한다. 그러기 위해선 바로 '표현의 자유', 즉 사람들이 서로 다른 생각·주장·사상을 자유로이 펼칠 수 있어야 한다. 여기서 표현의 자유는 단지 사실을 알리고 토론할 수 있는 자유뿐만 아니라, 자기 생각을 문화예술 등의 작품 활동을 통해 표출할 수 있는 '창작의 자유'도 포함하는 것이다.

어디까지 허용할 것인가?

그렇다면, 예컨대 예술을 빌미로 한 외설적 표현이나 범죄에 악용될 소지가 있는 표현까지도 괜찮다는 건가? 그래선 안 된다는 게 검열이 필요하다는 생각의 근거이다. 하지만 예술이냐 외설이냐, 범죄에 이용될 가능성이 있느냐 없느냐 하는 따위는 두부모 자르듯 금을 그을 수 없는 문제이다. 시대와 지역에 따라 사람들의 생각은 달라지므로 하나의 통일된 기준을 갖기 어렵다 보니, 늘 논란이 끊이질 않는 것이다.

6 성장할 권리

모든 인간사회는 기본적으로 세 가지 금지조항을 바탕에
깔고 있습니다. 그건 살인, 인육을 먹는 일, 근친상간에 대한
금지입니다. 다행히 현실 속에서 우리가 매일 이웃을 잡아먹

고 싶어하는 일은 없지요. 따라서 우리가 그런 금지조항에까

지 신경 쓸 필요는 없어요. 하지만 우리는 자율 배식 식당에

서 새치기하려고 팔꿈치로 다른 사람들을 밀치고 나가는 일

오, 식인종! 너 운이 좋구나.
오늘의 요리가 석쇠에
구운 뇌 요리거든.

이 전혀 득 될 게 없다는 사실을 스스로 알고 있어야만 해요. 또한 학교에서 선배가 모는 오토바이 뒷자리에 (헬멧도 쓰지 않고!) 올라타고 집으로 돌아왔다는 걸 남동생이 부모님께 고자질하지 못하도록 겁을 주는 게 그다지 '올바른' 행동이 아니란 사실도 알아야만 해요. 우리의 인간적 가치는 우리가 올바른 삶을 살도록 이끌어주고, 우리가 관용적이고 이해심 깊은 사람들과 어울리면서 한층 관용적이고 이해심 깊은 사람이 되게끔 만들어주어야 하는 거지요.

물론 현실은 때로 그렇지가 못하지요. 다들 이런저런 순간에 다른 사람의 존재를 잠시 잊어버릴 수가 있거든요.

게다가 도저히 구제불능인 사람들도 간혹 있지요.

학생 1: 재수 없어! 방과 후에 두 시간이나 더 붙잡혀 있었어!

학생 2: 네가 뭘 잘못했는데?

학생 1: 아무것도! 그냥 수업시간에 좀 떠들었을 뿐이야!

학생 2: 겨우 그런 일로!

학생 1: 그렇다니까! 근데 그 꼰대가 내게 입 닥치라는 거야. 그래서 그 자식한테, 더 신경 쓰이는 쪽이 나가라고 했지!

학생 2: 뭐? 그래도 그렇지…….

학생 1: 너 뭐라 그랬어? 설마 꼰대를 두둔할 생각은 아니 겠지! 기껏 그런 일로 두 시간이나……, 심하잖아!

어떤 사람들은 항상 자기가 피해자인 양 굴면서, **결단코** 자 기는 잘못이 없다고 우겨댑니다. 그들은 이웃집 사람이 아침 8시부터 잔디 깎는 기계를 돌리지 말아달라고 예의바르게 요 구하기라도 하면, 되레 자기를 성가시게 한다고 화를 내지요! 이웃이 좀 더 일찍 잠자리에 들었다면 한 시간 더 일찍 일어 날 수 있었을 테고, 그럼 소음 때문에 방해받는 일도 없었을 거라는 식이죠!

어떤 사람들은 평생을 다른 사람들과 싸우느라 보냅니다. 항상 부딪치고 항상 전쟁중이죠. 아마 학교 운동장만 살펴보 더라도 그런 예를 쉽게 찾을 수 있을 겁니다. 그런 사람들은 확실히 이기주의자지요. 하지만 반드시 남들보다 더 이기적이 기 때문이라고만 볼 수는 없어요. 문제는, 자유란 항상 내가 원하는 대로 하는 것이라고 그들이 굳게 믿고 있다는 거지 요. 그래서 방해물이 나타나면 자기를 공격하는 것으로 받아 들이고 화를 냅니다. 그들에게 규칙을 준수하는 일은 자유를

빼앗기는 일, 감옥에 갇히는 일과 비슷해요. 그렇다고 그런 사람들이 인간적 가치를 추구하지 않는다고 할 수는 없어요. 단지 자신의 자유가 다른 사람들의 자유가 시작되는 지점에서 멈춰야 한다는 사실을 이해하지 못할 뿐이죠. 그들은 권리는 내세우면서 거기에 뒤따르는 의무는 보지 못해요.

그런 사람들은 무인도를 찾아가는 외에 다른 해결책이 없어요. 정말로 사람이 하나도 살지 않는 섬으로요. 아니면 깊은 숲이나 산속에 외따로 떨어진 동굴로 가도 좋겠지요. 물론 달랑 혼자 가야죠. 왜냐하면 사람이 둘 이상만 모여도 공동의 가치, 공동의 이상을 함께 결정하고 그에 따르는 금지조항을 받아들이는 것만이 서로 존중하면서 평화롭게 살 수 있는 유일한 길이거든요.

사회관계, 교우관계, 애정관계, 모든 인간관계가 그런 식으로 이루어져 있으니까요.

문제를 그린 식으로 완전히 '청산'하는 상황을 피하려면, 우리를 자유롭고 자율적으로 만들어주고 즐거움을 나누면서 더불어 살아가게 해주는 규칙, 사람들 사이의 규칙을 존중하는 게 좋아요.

그것이야말로 자신을 행복하게 만드는 가장 좋은 방법임이 틀림없어요.

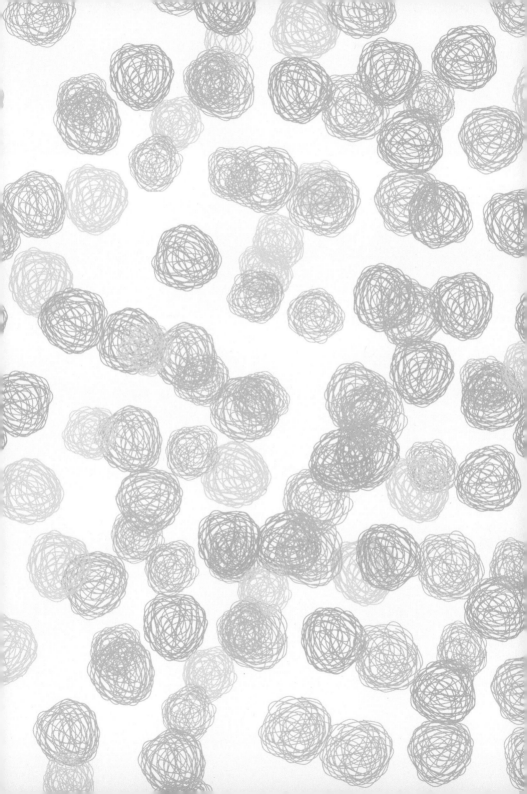

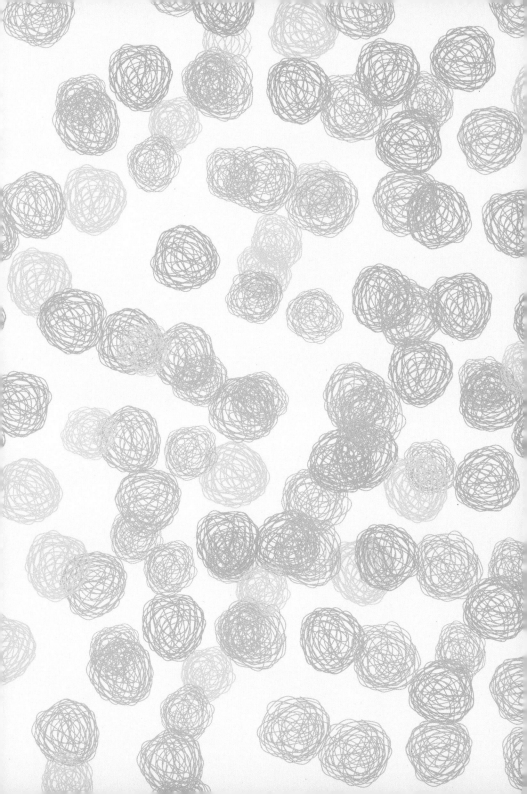

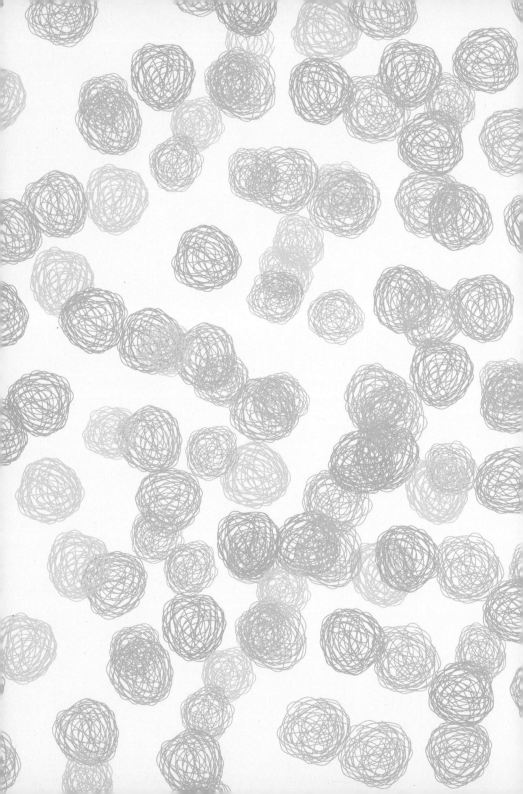